Kauderwelsch
Band 86

Impressum

Manfred Malzahn
Scots – die Sprache der Schotten
erschienen im
Reise Know-How Verlag Peter Rump GmbH
Osnabrücker Str. 79, D-33649 Bielefeld
info@reise-know-how.de

6. verbesserte Auflage 2015

Bearbeitung Alexander Schwarz
Layout Ausführung Elfi H. M. Gilissen
Layout-Konzept Günter Pawlak, FaktorZwo! Bielefeld
Umschlag Peter Rump (Titelfoto: Hans-Günter Semsek)
Fotos Manfred Malzahn
Druck und Bindung Werbedruck GmbH Horst Schreckhase, Spangenberg

ISBN 978-3-8317-6468-6
Printed in Germany

Die Internetseiten mit Aussprachebeispielen und der Zugriff auf diese über QR-Codes sind eine freiwillige, kostenlose Zusatzleistung des Verlages. Der Verlag behält sich vor, die Bereitstellung des Angebotes und die Möglichkeit der Nutzung zeitlich und inhaltlich zu beschränken. Der Verlag übernimmt keine Garantie für das Funktionieren der Seiten und keine Haftung für Schäden, die aus dem Gebrauch der Seiten resultieren. Es besteht ferner kein Anspruch auf eine unbefristete Bereitstellung der Seiten.

Kauderwelsch

Manfred Malzahn

Scots

die Sprache der Schotten

**Zu diesem Buch
ist begleitendes Tonmaterial
als MP3-Download erhältlich:
www.reise-know-how.de**

ISBN 978-3-95852-185-8

**Auch als Audio-CD
im Buchhandel:**

ISBN 978-3-8317-6028-2

Reise Know-How
im Internet
www.reise-know-how.de
info@reise-know-how.de

Für Smartphone-Benutzer

(QR-Code mit einer App scannen)

Hörproben und weitere Infos!

Wer kein Smartphone hat, kann
sich die Aussprachebeispiele auch
auf unserer Webseite anhören:
www.reise-know-how.de/kauderwelsch/086

Kauderwelsch-Slangführer sind anders!

Warum? Sie sind bestens mit der Landessprache vertraut und verstehen trotzdem nur die Hälfte, wenn Sie mit den Menschen vor Ort so richtig ins Gespräch kommen?

Gerade wenn Sie sich in der „Szene“ bewegen oder Menschen in ihrem ganz normalen Alltag antreffen, sie auf der Straße ansprechen, mit ihnen ein Bier in der Kneipe trinken, ist deren Sprachgebrauch Meilen entfernt von der offiziell verwendeten Hochsprache in den Medien und den Bildungsinstituten.

Man bedient sich der **lockeren Umgangssprache** und vieler **modischer Slangbegriffe**, die oft nicht einmal die gesamte Bevölkerung versteht, sondern nur bestimmte Altersschichten, eingeschworene Szenemitglieder oder Randgruppen.

Die meisten Slangausdrücke haben eine kurze Lebensdauer und finden nie den Weg in das Lexikon. **Slang ist vergänglich.** Aber er bringt die nötige Würze in das sonst zu dröge daherkommende, in der Hochsprache geführte Gespräch.

Die wahre Vielfalt einer Sprache liegt in diesem lebendigen Mischmasch von Hochsprache, Umgangssprache und Slang. In diesem bunten Mix spiegeln sich **Lebensart, Lebensgefühl** und **Lebensphilosophie** der Menschen vor Ort.

Da die Umgangssprache eher gesprochen als geschrieben wird und es für deren Schreibweise keine festen Regeln gibt, werden Sie immer wieder auf unterschiedliche Schreibweisen der Slangworte stoßen, wenn Sie diese denn einmal geschrieben sehen.

Die AutorInnen werden Sie immer wieder zum Schmunzeln bringen und Ihnen gekonnt Mentalität und Lebensgefühl des jeweiligen Sprachraumes vermitteln. Es werden Wörter, Sätze und Ausdrücke des Alltags aus der Kneipe und dem Arbeitsleben, die Sprache der Szene und der Straße erklärt. Im Anhang sind diese in 1000 Stichworten geordnet, damit Sie die täglich gehörten Begriffe und Wendungen finden können, die bisher kaum in Wörterbüchern aufgeführt sind.

Inhalt

Einführung

Im Gespräch

Anhang

BEAUTIFUL
PERSONALISED
SCROLLS
AVAILABLE HERE
PRINT OUT YOUR
HISTORY
AND
TARTAN
IN FULL COLOUR
FOR ONLY
£5.95p
ARE YOU
SCOTTISH?
CHECK OUT YOUR
CLAN AND TARTAN
17,500 SCOTTISH
NAMES IN OUR
COMPUTER
PRINT OUT YOUR
HISTORY AND TARTAN
IN FULL COLOUR
ON A
BEAUTIFUL
PERSONALISED
SCROLL

Vorbemerkung

Dieses Buch ist in erster Linie für Schottlandreisende mit englischen Grundkenntnissen gedacht. Zumindest ein wenig Englisch haben wir ja nun heutzutage doch alle parat. Wer Lehrbuch-Englisch redet, hat auch gute Chancen, von allen Schotten verstanden zu werden. Dass ein Besucher Scots spricht, erwartet man ebenso wenig wie Mecklenburger Platt oder Ostfriesisch aus dem Mund eines ausländischen Touristen.

Wenn es aber um das Verstehen der Einheimischen geht, sieht die Sache anders aus. Die Einwohner Schottlands sprechen zwar mitunter ein Englisch, das nur leicht schottisch eingefärbt ist. Aber daneben gibt es in Glasgow, Dundee oder Aberdeen noch eine Menge an Sprachgebrauch, der sogar Nordamerikanern oder Engländern äußerst rätselhaft vorkommen kann.

Gerade hier liegt jedoch der Schlüssel zu einem Verständnis schottischer Denk- und Wesensart. Was Schotten in Scots zu Themen wie Geld, Sport, Musik oder Liebe von sich geben, führt zu tieferen Einsichten: wer dem Schotten auf den Mund schaut, blickt nicht selten bis ins Herzensinnere. In diesem Sinne ist der vorliegende Band also auch ein Führer durch die Alltagskultur im ganzen Sprachgebiet des Schottischen und in zweien seiner Regionaldialekte.

Kauderwolsch-Tonträger

Falls Sie sich die wichtigsten schottischen Sätze und Wörter, die in diesem Buch vorkommen, einmal von einem Einheimischen gesprochen anhören möchten, bieten wir Ihnen das ***begleitende Tonmaterial*** *zu diesem Buch als* ***MP-3 Download*** *in unserem Internetshop* ***www.reise-know-how.de*** *an. Das Tonmaterial ist auch auf* ***Audio-CD*** *erhältlich, zuzüglich Porto- und Verpackungskosten über unseren Internetshop oder in Ihrer Buchhandlung.*

Aussprache

Die schottischen Laute werden in diesem Buch wie folgt wiedergegeben:

Abweichungen und Besonderheiten gegenüber dem Englischen und in den verschiedenen Dialekten werden später aufgezeigt.

Selbstlaute	
a	wie in „**a**cht"
â	wie in „**a**ber"
å	wie in „f**o**rt"
åå	lang wie in „C**a**llgirl"
ai	wie in „**ei**n"
e	wie in „**e**ng"
ê	wie in „**e**r"
è	wie in „g**e**nau"
ei	wie in „h**ey**"
i	wie in „**i**n"
î	wie in „m**i**r"
ô	wie in „**o**der"
ü	wie in „f**ü**nf"
üü	wie in „m**ü**de"
Mitlaute	
ch	hart wie in „Ba**ch**"
<u>ch</u>	weich wie in „Li**ch**t"
l	dunkel und kehlig wie im engl. „ba**ll**"
ñ	wie in „Ri**ng**"
s	stimmhaft wie in „Ro**s**e"
ß	stimmlos wie in „Rei**s**"
<u>th</u>	stimmhaft wie im englischen „**th**is"
th	stimmlos wie im englischen „**th**in"
v	wie in „**V**ase"
w	wie im englischen „**w**e"
sch	wie in „**sch**ön"
<u>sch</u>	stimmhaft wie im frz. „**J**ournal"

Ein Apostroph (') in der Lautschrift steht für einen Stimmabsatz oder Knacklaut. Das Hochdeutsche kennt diesen sogenannten Glottisverschluss nur in einer schwachen Form vor Selbstlauten am Wort- oder Silbenanfang wie in „Achtung" 'achtuñ oder „Brecheisen" brech'aisèn. Einen echten **glottal stop** glå'l ßtåp als Mitlautersatz findet man z.B. im Ruhrgebiet, wo „Garten" wie gâ'n klingt.

Wer mit einer anderen Lautschrift vertraut ist, mag mir bitte verzeihen, dass ich hauptsächlich an den in dieser Hinsicht nicht vorbelasteten Leser gedacht habe.

Schottland und seine drei Sprachen

Scots ßkåtß oder Schottisch ist eine Variante des Englischen, die sich zu Standardenglisch ungefähr so verhält wie Plattdeutsch zu Hochdeutsch. Aus englischer Sicht ist es ein Dialekt – aber für sprach- und identitätsbewusste Schotten ist es eine der drei Landessprachen Englisch, Schottisch und Gälisch.

Gälisch - eine keltische Sprache - hat trotz vieler Unkenrufe alle Versuche zur kulturellen Gleichschaltung Großbritanniens überlebt. Die Gälisch sprechende Minderheit - zumeist im Hochland und auf den Hebrideninseln angesiedelt - kann heute zwar auch Englisch, es gibt aber dennoch gälische Bücher, Zeitschriften, Radio- und Fernsehsendungen. Der vielleicht überzeugendste Beweis für die Lebendigkeit der Sprache sind die gälischen Texte der in ganz Schottland populären Rockmusikgruppe Runrig ranrig.

Scots ist mindestens genauso oft totgesagt worden wie Gälisch, hat sich aber als ähnlich widerstandsfähig erwiesen. Dabei waren die Voraussetzungen noch ungünstiger, denn schottischer Sprachgebrauch wurde leicht als „schlechtes" oder „falsches Englisch" abgetan. Das Gälische musste als eigenständige Sprache anerkannt werden, wenn man für diese auch keinen Platz in der modernen Welt sehen wollte. Scots ließ sich nicht so scharf abgrenzen, denn es gibt wegen der engen Verwandtschaft von Scots und Englisch eine Menge an Mischformen in der alltäglichen Verwendung. Zudem fehlt für Scots eine verbindliche schriftsprachliche Norm.

„Reines“ Scots hört man selten, aber in Süd-, Ost- und Mittelschottland reden die Leute etwas mehr oder minder stark schottisch Geprägtes. Das Sprachgebiet des Schottischen besteht vor allem aus den Lowlands lôlèns – dem Tiefland, weshalb Scots auch Lowland Scots oder kurz Lallans lalèns ge[illegible]. In den Lowlands lebt die Bevölkeru[illegible] sind die größeren Stä[illegible] auf den Hebridenin[illegible] oder Hielands hîlèns u[illegible]merkt man noch, da[illegible]or gar nicht so lang[illegible]he war. Heute gibt es[illegible]ochlandakzent, aber ke[illegible]ialekt mit eigenem Wortschatz. [illegible]heiten im Sprachgebrauch sind hier meist auf den Einfluss von gälischer Aussprache und Satzbau zurückzuführen. Die Ersetzung der stimmhaften Mitlaute s, b und d durch die im Gälischen vorherrschenden stimmlosen ß, p und t ergibt zum Beispiel für den Satz:

It is as it should be.
itiß eßit schüt pî
Es ist so wie es sein sollte.

Gälische Satzkonstruktionen sind zu erkennen in Äußerungen wie:

It is a terrible headache that is at me.
es ist ein schrecklicher Kopfschmerz der ist bei mir
Ich habe schreckliche Kopfschmerzen.

So etwas hört sich für Nichthochländer ebenso befremdlich an wie für Deutsche beispielsweise die wörtlichen Übersetzungen aus dem Englischen in „Asterix bei den Briten“. Hochlandenglisch wird gern in ähnlicher Weise als komisches Stilmittel verwendet. Wer mag, der kann sich davon in den Geschichten von Neil Munro nîl mènrô um den Kapitän Para Handy pâra handî überzeugen. Dahinter steht eine lange Tradition des nicht immer ganz so gutmütigen innerschottischen Spotts der Tiefland-Schotten über die Hochländer oder teuchters tjüüchtèrs. Dieses Wort ist von teuch tjüüch *grob* abgeleitet und bedeutet so etwas wie „Bauerntölpel“.

Kleine Grammatik des Schottischen

Schreibung und Aussprache

Die meisten schottischen Laute existieren auch im Englischen – mit einigen wichtigen Ausnahmen. Das mit der Zungenspitze gerollte „r“ ist in Schottland die meistgehörte Aussprachevariante. Im Glasgower Raum nimmt es auch den Platz des englischen th-Lauts ein, wie in **ra farra** ra fara für „der Vater“, der sonst in Schottland **faither** fêthèr heißt. Die gerollten „r“ und die kehlig-dunklen „ch“ geben Scots einen ziemlich harten Klang. Ein „ch“ wird nur am Wortanfang wie tsch ausgesprochen. Ansonsten klingt es wie im Deutschen: **licht** licht *Licht* und **loch** lâch *See.*

Kein Problem für Deutsche oder Niederländer – ganz im Gegensatz zu einem Engländer, für den man in Schottland sowieso nicht unbedingt gehalten werden möchte. Die Schotten nennen die Nachbarn oft mit abfälligem Ton **Southrons** ßathrèns *Südländer* oder auch **Sassenach** ßaßènach *Sachsen* (Gälisch). Anders als diese Angelsachsen haben Deutsche auch kein Problem mit dem ü, das in Schottland gesprochen wird, obwohl die Umlautpunkte im Schriftbild fehlen:

mune	müün	Mond
gude/guid	güd	gut
hoose	hüüß	Haus
broon	brüün	braun
toon	tüün	Stadt
floors/flooers	flüürs	Blumen
oor	üür	unser/Stunde
hoor/hure	hüür	Hure

Das für das Englische typische o ou gibt es im Schottischen nicht. Man hört ein langes o ô oder es steht an entsprechender Stelle ein ae ê wie in den folgenden Wörtern:

gae/gang/go	gê, gañ, gô	gehen
sae/so	ßê, ßô	so
dae	dê	tun

An einem unbetonten Wortende klingt ae wie a oder î, beispielsweise in **he cannae** hî kanî *er kann nicht.* Deshalb ist nur bei den Schotten die Scherzfrage nach dem Unterschied zwischen Bing Crosby und Walt Disney disnî möglich. Die Antwort:

Bing sings and Walt disnae.
biñ ßiñs èn wålt disnî
Bing singt und Walt tut es nicht.

Ein langer î-Laut kann sowohl durch ie wie durch ei wiedergegeben werden: **gie** gî *geben* und **heid** hîd *Kopf*. An **gie** sieht man eine Tendenz zur Weglassung von Mitlauten, die auch Wortenden verkürzt; das englische „-ing" iñ wird im Schottischen -in in. Auch die vier folgenden häufig benutzten Wörter werden abgekürzt:

Im Englischen:

and – not	**an**	an	und	**no**	nô	nicht
of – with	**o**	ô/è	von	**wi**	wi	mit

In der gesprochenen Sprache ist die Unterschlagung von Lauten natürlich noch ausgeprägter als in der Schrift. Wenn man am schottischen Frühstückstisch jemanden etwas sagen hört, was wie gîsè ba'r klingt, so ist das englische Could you give me the butter please? gemeint und wird auf Schottisch **gie's the butter!** geschrieben. Weiterhin wird das w nur am Silbenanfang ausgesprochen. Ein l zwischen Selbst- und Mitlaut ist ebenfalls stumm und ll am Wortende wird nicht geschrieben. Beispiele:

Die zu **'s** *abgekürzte Mehrzahlform* **us** (as) *wird häufig anstatt der Einzahl* **me** (mî) *(mir/mich) verwendet.*

flow	flô	fließen
slow	ßlô	langsam
fa	fåå	fallen
fu	füü	voll
ba/baw	båå	Ball
braw	bråå	schön
a/aw	åå	alles/alle/ganz
saut	ßååt	Salz
haud	hååd	halten

Eigentlich kurze Selbstlaute erscheinen im Schottischen häufig gedehnt: **man** *klingt also eher wie die erste Silbe in dem Wort „Mahnmal" als wie das deutsche „Mann".*

Keine Angst! Man muss sich nur etwas einhören. Zum Üben hier eine Zeile aus einem Volkslied. Sie beschreibt den Zustand einer Frau kurz vor der Niederkunft – auf Schottisch klingt es ziemlich poetisch:

She grew sae fu she couldnae moe.
schî grüü ßê füü schî cüdnî müü
sie wuchs so voll sie konnte-nicht sich-bewegen
Sie wurde so dick, dass sie nicht mehr laufen konnte.

Satzbau und grammatische Formen

Mit einem Smartphone können Sie sich die Wörter, Sätze und Redewendungen dieses Kapitels anhören. Scannen Sie einfach den QR-Code mit Hilfe einer kostenlosen App (z. B. „Barcoo“ oder „Scanlife“).

Im großen und ganzen ist die Folge der Satzglieder im Schottischen genauso wie im Englischen. Hier ein paar Ausnahmen:

to do

Wer bei der Umschreibung mit dem englischen to do Mühe hat, wird mit Erleichterung feststellen, dass im Scots die folgenden Sätze durchaus wohlgeformte Fragen sind:

Hae ye ony spunks?
hê jiånî ßpañkß
hast du irgendwelche Streichhölzer
Hast du Streichhölzer?

Cam ye by train?
kam ji bai trên
kamst du mittels Zug
Bist du mit dem Zug gekommen?

Dafür gibt es to do-Sätze in einer noch komplizierteren Form als im Englischen:

Dinnae ye be goin an gettin yersel aw mucky!
dinè ji bî gôinèn ge'n jèrßelåå makî
tu-nicht du sein gehend und kriegend dich-selbst ganz dreckig
Geh bloß nicht her und mach dich total schmutzig!

will

In Fragen steht will oft im Sinne von „soll“:

Will Ah lay the table noo?
wilâ lê thè têbl nüü
werde ich decken den Tisch jetzt
Soll ich jetzt den Tisch decken?

Das Ah â ist hier das Fürwort „ich“.

Ye will be David Black's son?
ji wil bî dêvid blakß ßan
du wirst sein David Blacks Sohn
Du bist wohl der Sohn von David Black?

Hier bezieht sich das Wort will nicht auf die Zukunft, sondern auf die Gegenwart.

that (in Relativsätzen)

In Relativsätzen steht fast immer that, also:

the man that Ah heard them speakin o
thè man thètâ herd thèm ßpikin ô
der Mann den ich hörte sie sprechen von
der Mann, über den ich sie reden hörte

the pal that Ah fixed his car
thè pal thètâ fikßt his kâr
der Kumpel dem ich reparierte sein Auto
der Kumpel, dessen Auto ich repariert habe

Endungs -s bei Zeit- und Fürwort

Eine andere Besonderheit ist das Auftreten der Endung -s nicht nur in der 3. Person Einzahl.

Ye can wait till the kye comes hame.
ji kèn wêt til thè kai kams hêm
du kannst warten bis die Kühe kommen heim
Du kannst warten, bis du schwarz wirst.

Die Aussprache von **ye** (jî) *und* **you** (jüü) *kann auch abgeschwächt werden zu* ji/jè *und* jü.

In der zweiten Person des Fürworts wird die Mehrzahl oft durch ein -s von der Einzahl unterschieden; die Formen sind **ye** jî oder **you** jüü für „du" und **yese** jîs oder **youse** jüüs für „ihr".

ja & nein

„Ja" wird oft statt mit **yes** mit **aye** ai/âi ausgedrückt. **Aye** kann auch zur Bekräftigung einer Aussage dienen:

She's aye bonnie!
schîsai bånî
Sie ist wirklich hübsch!

Das Wort für „nein" ist na nâ oder naw nåå. Das deutsche „doch" als Entgegnung auf eine verneinte Aussage ist so ßô:

Are ye daft?	**Ah'm no.**	**Ye are so!**
âr jè dâft	âm nô	jiâr ßô
Bist du doof?	Bin ich nicht.	Bist du doch!

Verhältniswörter

Nach Zeit- oder Eigenschaftswörtern stehen manchmal andere Verhältnis- und Bindewörter als im Englischen.

be feart fur	bî fîrt fèr	Angst haben vor
mair nor	mêr når	mehr als
wait on	wêt ån	warten auf

Ah've been waitin on a bus fur mair nor an oor.
âv bin wê'n ån è baß fèr mêr når èn üür.
ich'bin gewesen wartend auf einen Bus für mehr als eine Stunde
Ich warte schon seit über einer Stunde auf den Bus.

He's bigger nor me, but Ah'm no feart fur him.
hîs bigèr når mî bat âm nô fîrt fèr him
er'ist größer als ich aber ich'bin nicht gefürchtet für ihn
Er ist größer als ich, aber ich habe keine Angst vor ihm.

Das Umstandswort wird oft mit der Endung **-like** laik statt wie im Englischen mit der Endung -ly gebildet.

He carried on decent-like
hî karîdån dîßèntlaik
er trug weiter anständig-lich
Er benahm sich anständig.

Hier die schottischen Formen von Verhältniswörtern und andere häufig verwendete Sprachbausteine:

ablaw	èblåå	unter
abody	ååbèdî	jeder (=alle)
aboot	èbüüt	über (=von)
abune	èbüün	über (=oberhalb)
afore	èfôr	vor
agin	ègin	gegen
ahint	èhint	hinter
aiblins	êblins	vielleicht
alane	èlên	allein
an	an	wenn (= falls)
ance/yince	ênß/jinß	einmal/einst
ane/yin	ên/jin	ein(-e/-er/-s)
anent	ènent	betreffend
aroon	èrüün	herum
atween	ètwîn	zwischen
ava	èvåå	überhaupt
awa	èwåå	weg

bit/wee	bit/wî	klein
byornar	baiårnèr	außergewöhnlich
efter	eftèr	nach
frae/fae	frê/fê	von, aus
forbye	fèrbai	außerdem
gin	gin	wenn (= falls)

ilka	ilkè	jeder (einzelne)
intae	intî	in ... hinein
intil	èntil	zu (etw. zu jmd.)
maun	måån	müssen
mebbe	mebî	vielleicht
meikle/muckle	mikl/makl	groß, viel
mony	månì	viele
nae	nê	kein(e)
naebody	nêbèdî	niemand
ony	ånî	irgendein
ower	aüèr	über/zu (hin/her-)
sic	ßik	so/solch
thae	thê	diese (Mehrzahl)
thon/yon	thån/jån	diese(-r/-s)
twa	twâ	zwei
whan	wan	wenn (=als)
whiles	wails	manchmal

He gaed his lane.
hî gêd his lên
er ging seinen Pfad
Er ging allein.

Get intae him!
get intî him
geh hinein-in ihn
Gib's ihm!

die wichtigsten Fragewörter

hoo	hüü	wie/wieso
wha	wâ	wer
wham	wâm	wen
whan	wan	wann
whaur	wåår	wo
whit	wit	was
whit fur (no)	wit fèr (nô)	warum (nicht)
whitna	witna	welche(r)/was für ein

Nicht verwechseln mit dem gleich klingenden **waur** *„schlechter".*

Die Vergangenheit

Die regelmäßige Bildung der Vergangenheit von Tätigkeitswörtern (Verben) geschieht mit den Endungen -d, -t oder -it:

pu	**pud**	**pud**
püü	püüd	püüd
ziehen	zog	gezogen
tell	**telt**	**telt**
tel	telt	telt
erzählen	erzählte	erzählt
keek	**keekit**	**keekit**
kîk	kîkit	kîkit
schauen	schaute	geschaut

Unregelmäßige Formen gibt es auch im Scots, hier einige der Wichtigsten:

bide *bedeutet auch „bleiben“*

bide	**bade**	**bidden**
baid	bêd	bidn
wohnen	wohnte	gewohnt
come	**cam**	**come**
kam	kam	kam
kommen	kam	gekommen
dae	**daed**	**dane/daen**
dê	dêd	dên/dîn
tun	tat	getan
gae	**gaed/went**	**gane/went**
gê	gêd/ went	gên/went
gehen	ging	gegangen

gie	**gae/gied**	**gien/gied**
gî	gê/gîd	gîn/gîd
geben	gab	gegeben
haud	**held**	**hauden**
hååd	held	håådn
halten	hielt	gehalten
hae	**had**	**had/haen**
hê	had	had/hên
haben	hatte	gehabt
tak	**tuik**	**taen**
tak	tük	tên
nehmen	nahm	genommen

Als Leseübung hier der Anfang J.K. Annands schottischer Fassung von Wilhelm Buschs „Max und Moritz" = **Dod and Davie**:

What for maun we thole wee laddies
wåt fèr måån wî thôl wî ladîs
when they are sic awfu baddies!
wen thêâr ßik ååfü badîs
For ensample let me save ye
fårinßâmpl let mî ßêv ji
frae a pair like Dod and Davie,
frê è pêr laik dådèn dêvî
wha insteid o tryin harder
wâ inßtîdè trajin hardèr
to be guid lads, get nae farder;
tè bi güd lads get nê fardèr
slee wee deils, they smirk and snicker,
ßlî wî dîls thê ßmèrk èn ßnikèr
lauchin gars their badness siccar.
lachin gars thêr badnèß ßikèr

Rückübersetzt ins Deutsche ergibt das: Weswegen müssen wir kleine Jungen ertragen, wenn sie so fürchterliche Tunichtgute sind! Zum Beispiel lasst mich euch warnen vor einem Paar wie Dod und Davie, die anstatt sich mehr zu bemühen, gute Jungen zu sein, nicht weiterkommen; schlaue kleine Teufel, grinsen und kichern sie; Lachen macht ihre Schlechtigkeit gewiss.

Aufgepasst! – falsche Freunde

Wenn sich zwei Sprachen so ähnlich sind wie Scots und Englisch, gibt es Raum für Verwechslungen und Missverständnisse. Hier ein paar klassische Beispiele dafür, wie und wo die Verständigung aufgrund von zwar gleich aussehenden oder klingenden, aber mit anderen Inhalten versehenen Wörtern ins Stolpern geraten kann.

burn	bèrn	Bach
burn	bèrn	(ver)brennen
cry	krai	nennen
cry	krai	weinen, ausrufen
greet	grît	weinen
greet	grît	grüßen
gey	gai	sehr
guy	gai	Typ
hale	hêl	ganz
hail	heil	Hagel
hog	håg	junges Schaf
hog	håg	Schwein
hoo	hüü	wie
who	hû	wer
loe	lüü	lieben
loo	lû	Klo
mair	mêr	mehr
mare	määr	Stute
moose	müüß	Maus
moose	mûß	Elch

Die blaugrau unterlegte Variante ist immer das Schottische.

hail hêl *bedeutet aber auch auf Schottisch „Hagel“ – siehe Kapitel „Wetter“.*

Aufgepasst! – falsche Freunde

rake bedeutet aber auch in beiden Sprachen „Rechen".

owər	auər	über
our	auər	unser
rake	rêk	langer Kerl
rake	reik	Wüstling
speir	ßpîr	fragen
spear	ßpîr	aufspießen; Speer
wait on	wêt ån	warten auf
wait on	weit ån	bedienen (Kellner)
waur	wåår	schlechter
war	wåår	Krieg
yucky	jakî	juckend
yucky	jakî	ekelhaft

Besonders angeraten wird eine vorsichtige Verwendung des Zeitworts **mind** – im Englischen maind und auf Schottisch main ausgesprochen. Ein Schotte fragt z.B.:

Dae ye mind mah uncle Harry?
dê yè main mâañkèl harî
Erinnerst du dich an meinen Onkel Harry?

Ein Engländer würde diese Frage wohl missverstehen als: „Hast du etwas gegen meinen Onkel Harry?"

Im Sinne von „etwas dagegen haben" kann man das Wort im Schottischen aber auch benutzen:

Ah dinnae mind waitin.
â dinè main wê'n
Es macht mir nichts aus zu warten.

In der Bedeutung von „erinnern“ folgt auf **mind** mitunter das Verhältniswort **on**.

Ah ken him, but Ah cannae mind on his name.
â ken him ba'â kanî main ån his nêm
ich kenne ihn aber ich kann-nicht erinnern auf seinen Namen
Ich kenne ihn, aber ich komme nicht auf seinen Namen.

Ein schwerwiegendes Missverständniss ergibt sich auch bei einem Satz wie:

He's juist efter makin a lot o money.
hîs dschißteftèr makinè lå'è manî.
er'ist gerade nach machend ein Menge von Geld
Er hat gerade viel Geld gemacht.

Die englische Entsprechung he's just after making a lot of money bedeutet dagegen „er ist nur darauf aus, viel Geld zu machen“.

Stadt – Land – Fluss

Die meisten Namen auf der schottischen Landkarte stammen aus der keltischen Vergangenheit. Eigentlich müsste man gälische Ausspracheregeln im Kopf haben, wenn man geographische Namen korrekt entziffern wollte. Auch wenn es keine gälischen Wurzeln gibt, klingen die Worte oft anders als man erwarten würde. So zum Beispiel bei der nach der Kirche des heiligen **Cuthbert** kathbèrt benannten Stadt **Kirkcudbright** kèrküprî.

Germanischen Ursprungs ist auch die Endsilbe **-burgh** bara/bèrè, die dem deutschen „-burg" entspricht. Der Name **Edinburgh** ednbèrè ist eine germanische Ableitung aus dem keltischen **duneidin** dan îdschin.

Das keltische Wort **dun** – Festung oder Festungsberg – findet man auch in **Dundee** dandî oder **Dumbarton** dambar'n. Die Endsilbe **-wick** wie in **Lerwick** lèrwik oder **Berwick** berik ist skandinavischen Ursprungs und bedeutet „Siedlung", entsprechend den letzten Silben von „Schleswig" und „Braunschweig".

Der Einfluss der Wikinger in Schottland zeigt sich auch noch in Namen mit der Endsilbe **-ness** für eine Landzunge wie in **Durness** dèrneß oder **Skipness** ßkipneß. **Inverness** invèrneß ist dagegen die Stadt an der Mündung des aus dem **Loch Ness** kommenden Flusses **Ness.** Die gälische Vorsilbe inver- weist wie das aber- in **Aberdeen** abèrdîn auf eine Flussmündung hin.

Hier einige andere Bestandteile schottischer Orts-und Gebietsnamen:

ach-/auch- ach/åch	Feld wie in **Auchnacraig** åchnakrêk *Feld des Felsens*
alt-/ault- alt/ålt	Bach wie in **Altnabreac** altnabrek *Forellenbach*
ard- ard	Höhe wie in **Ardfern** ardfèrn *Erlenhöhe*
bal- bal	Wohnstatt, wie in **Balgowan** balgaüèn *Wohnstatt des Schmieds*
brae- brê	Hang/Anhöhe wie in **Braemar** brêmâr *Höhe von Mar*
dal- dal	Feld/Wiese wie in **Dalkeith** dalkîth *Waldwiese*
drum- dram	Bergrücken wie in **Drumbuie** drambjüî *gelber Bergrücken*
fin- fin	weiß, wie in **Findon** findèn *weißer Berg*
glen- glen	Tal zwischen hohen Bergen wie in **Glencoe** glenkô *enges Gebirgstal*
kil- kil	Kirche wie in **Kilbride** kilbraid *Kirche der heiligen Brigitte*
knock- nåk/kråk	Hügel wie in **Knokandu** nåkèndüü *schwarzer Hügel*
muir- mjüür/müür	Moor wie in **Muirkirk** mjüürkèrk *Kirche im Moor*
pit- pit	Gehöft wie in **Pitmedden** pitmedn *mittlerer Hof*
strath- ßtrath/ßtrâ	weites Tal wie in **Strathblane** ßtrathblên *Tal der kleinen Blumen*
tom-/tam- tåm/tam	Rundhügel wie in **Tomnavoulin** tåmnavülin *Mühlenberg*

Die Vorsilbe **kin-** kin *Spitze* wie in **Kingussie** kin-jüüßî *Ende des Fichtenwaldes* ist ebenfalls oft vorhanden. Als j gesprochen oder völlig stumm findet man die Buchstaben g und z heutzutage nur noch in Orts- oder Familiennamen. Ein Beispiel bei den Nachnamen ist **Menzies** miñèß, was aber heute oft auch mensîs gesprochen wird, vor allem wenn man eine gewisse Zeitschriften- und Schreibwarenladenkette meint.

Die Berge des Hochlands haben das gälische Wort für Berg **beinn** ben im Namen, oft **Ben** geschrieben. Der höchste Berg Schottlands ist der **Ben Nevis** ben neviß, was gemeinhin als „Himmelsberg" gedeutet wird, aber auch „bösartiger Berg" heißen kann. Schottlands Berge sind nicht so hoch und sehen nicht so gefährlich aus wie etwa die Alpen. Aber es kommt gerade deshalb immer wieder vor, dass Wanderer oder Kletterer in Not geraten. Am Ben Nevis ist so etwas keine Seltenheit, und damit hat auch die zweite Auslegung des Namens ihre Berechtigung.

Es folgen ein paar Beispiele für andere Bergnamen. Ein bh wird hier nach gälischer Manier als v ausgesprochen:

Beinn Bhan	weißer Berg	**ben van**
Beinn Bheag	kleiner Berg	**ben vek**
Beinn Bhreac	gefleckter Berg	**ben vrek**
Beinn nam Ban	Frauenberg	**ben nam pan**
Beinn nan Caorach	Schafsberg	**ben nan kèrach**
Beinn an t-Sneachda	Schneeberg	**benan trachk**
Ben Lawers	Echoberg	**ben låååèrs**
Ben More	großer Berg	**ben måår**
Ben Tee	Feenberg	**ben tî**
Crois Bheinn	Kreuzberg	**kråß vèn**
Fuar Bheinn	kalter Berg	**füür vèn**
Glais Bheinn	grüner Berg	**glaß vèn**
Suilbheinn	Säulenberg	**ßülvèn**

Ein **carn** karn oder **cairn** kêrn ist ebenfalls ein Berg, aber ein mit Felsen oder Steinen bedeckter. Das Wort **cairn** bezeichnet einen Steinhaufen von natürlichem eiszeitlichem Ursprung oder aber von Menschenhand geschaffen, etwa über einer Grabstätte. Der bekannteste Berg dieses Namens ist der **Cairngorm** kêrngårm, heute vor allem von Skiläufern aufgesucht, wenn auch die umliegenden Gipfel noch viel Platz für **hillwalkers** hilwååkèrs *Bergwanderer* bieten. Beim Wandern gelangt man dann unter anderem auch an die entlegenen Hochtäler, die wegen ihrer runden Form mit dem Namen **corrie** kårî *Schüssel* bezeichnet werden.

Spezielle Arten von Erhebungen werden mit anderen Namen belegt als **ben:**

cnoc	nåk/kråk	Hügel
knowe	naü	Hügel
knoll	nôl	Hügel
cnocan	nåkèn/kråkèn	kleiner Hügel
creag	krêk	Felsen
cruach	krüach	steiler runder Hügel
meall	mjal	runder Berg
sgurr	ßkèr	spitzer Berg oder Fels
stob	ßtåp	Gipfel

3000 Fuß sind ca. 915 m.

Nicht auf der Landkarte zu finden ist der von Bergsteigern oft gebrauchte Name **Munros** mènrôs. Das ist ein Sammelbegriff für alle über 3000 Fuß hohen Gipfel, aufgelistet von einem gewissen **Hugh Munro** chüü mènrô.

Gälisch sind auch die Namen der schottischen Seen, die nicht **lake** lêk heißen, sondern **loch** lâch. Ein kleiner Binnensee ist ein **lochan** lâchèn. Der **Lake of Menteith** lêk of mentîth stellt die einzige Ausnahme dar, auf der die alte Scherzfrage beruht: **How many lakes are there in Scotland?** Die richtige Antwort ist also: **One**. Das ist zwar Wortklauberei, aber der schottische Ausdruck hat in der Tat eine andere Bedeutung als das englische lake. Als **loch** oder **sea loch** ßî lâch bezeichnen die Schotten nämlich auch die langen schmalen Meeresbuchten der Westküste, die bei den Norwegern Fjorde genannt werden. Eine Meerenge heißt **kyle** kail oder **kyles** kails.

Vom Loch Ness war schon die Rede. Hier noch einige andere:

Loch Ailort	Schneeschauersee	låchailèrt
Loch Aline	schöner See	låchalin
Loch Awe	Wassersee	låchåå
Loch Linnhe	Wassersee	låch linî
Loch Broom	Regensee	låch brüüm
Loch Fyne	mittlerer See	låch fain
Loch Garve	rauher See	låch garv
Loch Lomond	Ulmensee	låch lômènd
Loch Long	Schiffssee	låch låñ
Loch Maddy	Hundesee	låch madî
Loch Nagar	Ziegensee	låch nagâr
Loch Rannoch	Farnsee	låch ranèch

Was fließende Gewässer angeht, so heißt ein Fluss wie im Englischen **river** rivèr, aber die breite Mündung eines Flusses ins Meer **firth** fèrth. Ein Bach ist im Schottischen ein **burn** bèrn und ein Wasserfall oder das Becken darunter **linn** lin.

Zum Schluss noch ein paar ausgewählte Inseln dazu und die Landkarte ist komplett. Die Endsilbe -ay – meist ê gesprochen – kennt man im Deutschen aus Namen wie „Norderney" und dem Wort „Eiland" für Insel.

Arran	arèn	**Mull**	mal
Colonsay	kålènßê	**Pabay**	pabê
Iona	aiôna	**Raasay**	râßê
Islay	ailê	**Rhum**	ram
Jura	dschüüra	**Skye**	ßkai
Lewis	lüiß	**Uist**	jüißt
Mingulay	miñgjülê		

Was die Aussprache anderer, vor allem gälischer Namen betrifft, so empfiehlt es sich, an Ort und Stelle Erkundigungen einzuziehen. Als man begann, Gälisch mit lateinischen Buchstaben zu schreiben, hat man ein System entwickelt, das an schierem Wahnsinn kaum zu überbieten ist. **Aberdeen** abèrdîn z. B. wird **Obair Dheathain** geschrieben und die Region **Argyll** argail schreibt sich **Earraghaidheal.**

Unterwegs

Wenn man sich moderner Verkehrsmittel bedient, braucht man einen modernen, vorwiegend englischen Wortschatz. Auch für schottische Besonderheiten wie die **single-track roads** ßiñgl trak rôds des Hochlands ist der Name englisch. Gemeint sind einspurige Straßen, auf denen Vorbeifahren am Gegenverkehr wie Überholen nur an Passierstellen, den **passing places** pâßn plêßis möglich ist.

Zu den wenigen rein schottischen Ausdrücken aus der Abteilung Transport und Verkehr gehören die folgenden:

brig	brig	Brücke	
clippie	klipî	Schaffner(in)	*wörtl.: Abschneider*
dannylion	danîlaièn	Politesse	*wörtl.: Löwenzahn*
stance	ßtânß	Bushaltestelle	
wimple	wimpl	Serpentine	

von Häusern und Straßen

Für die Orientierung innerhalb von Städten und Dörfern ist Vertrautheit mit schottischem Sprachgebrauch ebenso hilfreich wie für das Zurechtfinden in natürlicher Umgebung. Mit den Engländern gemeinsam haben die Schotten die Unterscheidung von **street** ßtrît und **road** rôd für Straßen innerhalb und außerhalb von Ansiedlungen sowie Durchgangsstraßen. Weiterhin nennen die Schotten

einen Platz ebenfalls **square** ßkwêr. Das Wort **place** plêß bezeichnet eine Nebenstraße oder aber ein Bebauungsgebiet, das direkt an eine Straße grenzt.

In schottischen Städten haben Straßennamen oft den Namen des Stadtviertels als ersten Bestandteil, so dass man die Gegend leicht bestimmen kann, jedoch auch genau hinschauen muss, um sich nicht zu vertun, wie z.B. im Edinburgher Stadtteil **Marchmont** martschmènt zwischen **Marchmont Road, Marchmont Place** oder **Marchmont Crescent** kreßnt. Sollte man sich geirrt haben, ist das Gesuchte natürlich dennoch in der Nähe. Das Wort **crescent** weist auf eine halbmondförmige Straße hin, während ein **circus** ßèrkèß kreisförmig angelegt ist.

auf schottischen Stadtplänen

bow/port bô/pårt Torbogen

close klôß Hof; auch Eingang zu einem tenement tenèmènt oder land lan, einem Haus mit Wohnungen auf verschiedenen Etagen

wörtl.: Gang

gate gêt in Zusammensetzungen die Bezeichnung für eine Straße (nicht wie in England für ein Tor)

lane lên Gasse/Pfad

links liñkß wellige Grasfläche, meist über Sandboden in Küstennähe; auch ein hier angelegter Golfplatz

mercat mêrkèt Markt

tron trån Stadtzentrum: der ehemalige Marktplatz oder Gebäude dort	*wörtl.: öffentliche Waage*
vennel venl schmale Gasse	
wynd wain enge, oft gewundene Gasse	
yett jet Tor	

Wie überall in Großbritannien bewohnen die meisten Familien in Schottland ein eigenes Haus oder eine Eigentumswohung, die als **flat** flat oder auch als **hoose** hüüß bezeichnet wird. Wenn man also zu jemandem in die Wohnung eingeladen wird, erreicht man diese über das **stair** ßtêr *Treppenhaus*. Im Erdgeschoss von höheren Gebäuden gibt es oft auch ein **main door hoose** mên dåår hüüß mit separatem Eingang von der Straßenseite aus.

schottische Gebäudenamen

big hoose big hüüß Wohnsitz des Eigentümers auf einem **estate** ißtêt	*wörtl.: großes Haus*
biggins bigins kleine Wohnhäuser auf einem Gut	*wörtl.: Gebäude*
black hoose blak hüüß heute nur noch als Museumsstück zu findendes Hochlandgehöft mit einem einzigen Raum und Feuerstelle in dessen Mitte	*schwarzes Haus*
bothy båthî Hütte; im Nordosten früher Unterkunft für Saisonarbeiter	
broch bråch runder Festungsbau aus der Zeit um Christi Geburt	
but'n ben ba'nben längliches Bauernhaus mit zwei Zimmern und einem Eingang	*draußen und drinnen*

	byre baièr Kuhstall
	clachan klachèn Siedlung/Dörfchen
	crannog kranèk Pfahlhaus; heute nur noch in Überresten zu findende Behausung an Binnenseen
	croft kråft Kate/Kleinbauernhaus im Hochland
	doocot düükèt Taubenhaus
wörtl.: Trockensteinwall	**drystane dyke** draißtên daik mörtellose Mauer aus Natursteinen
	estate ißtêt Landgut
	manse manß Pfarrhaus
	single-end ßiñgèlen Häuschen mit nur einem Zimmer; in der Stadt auch Ein-Zimmer-Wohnung
wörtl.: kleines Haus	**wee hoose** wî hüüß Außentoilette

Die letztgenannten Außenklos findet man nur noch selten, aber der Ausdruck hat sich länger gehalten als die Einrichtung. Dasselbe gilt für die Wendung **come awa ben!** kam èwåå ben *komm weg herein!*. Mit diesen Worten wurde man früher in einem **but'n ben** in das hintere Zimmer, also die gute Stube gebeten. Das Vorzimmer wurde unter anderem auch als

Stall genützt! Heute lädt man mit der Redewendung zum Betreten eines Hauses oder einer Wohnung ein, gleich ob auf dem Land oder in der Stadt.

Toilette

bog	båg	Sumpf
cludgie	kladschî	Klo
shankie	schañkî	Klo
shitehoose	schaithüüß	Scheißhaus
yuffie/duffy	jafî/dafi	Klo

shankie *kommt von von* **Shanks**, *einem Großhersteller von Sanitäranlagen.* **yuffie/duffy** *bedeutet wörtl.: feuchtweiche Masse.*

sonst im Haus

dunny	danî	Keller
laft/loft	laft/låft	Dachgeschoss
vent	vent	Rauchabzug
lum	lam	Schornstein

Eine bekannte Segensformel lautet daher:

Lang may yer lum reek ...
lang mê jèr lam rîk ...
Lange mag dein Schornstein rauchen ...

Die Fortsetzung hört man aus verständlichen Gründen weniger oft:

... an yer hurdies fyke.
... an jèr hèrdîs faik
... und deine Hüften sich hin und her bewegen.

Wetter

Mit einem Smartphone können Sie sich die Wörter, Sätze und Redewendungen dieses Kapitels anhören.

Das Wetter ist ein heikles Thema in Schottland. Die nördliche Lage und der Meereseinfluss schaffen ein enorm wechselhaftes Klima. Böse Zungen behaupten gar, Schottland habe überhaupt kein Klima, sondern kenne nur Pröbchen von verschiedenen Witterungen. Wie dem auch sei, eine Bemerkung über das Wetter ist einer der gebräuchlichsten Gesprächsanfänge. Falls es schön ist, ist das an sich schon bemerkenswert, und falls es schlecht ist, kann man sich wenigstens darüber beklagen. In beiden Fällen kann es aber eine Viertelstunde später schon ganz anders aussehen. Auf gutes Wetter kann man sich nicht verlassen; das wissen die Schotten nur zu genau. Das erklärt den Dämpfer, der auf diese Begrüßung folgt:

Rare day the day!
rêr dê thè dê
seltener Tag der Tag
Selten schöner Tag heute!

Aye, but it winnae keep up!
ai bètit winè kîpap
ja aber es wird-nicht halten hoch
Ja, aber es wird nicht anhalten!

In diesem Sinne hier zunächst einmal der Wortschatz für angenehmes Wetter:

braw	bråå	schön
lithesome	laithßèm	lind
maumy	mååmî	mild

wörtl.: geschützt
wörtl.: weich

Das wäre es eigentlich schon. Für einen Bauern mag noch **growthy** graüthî *wachstumsmäßig* dazugehören. Dies bezeichnet feuchtwarme Witterung, bei der die Pflanzen gut gedeihen – im Gegensatz zu **drouthy** drüüthî *zu trocken*.

Und nun zu unangenehmen Dingen:

blashy	blaschi	nass und windig
cauld	kåål	kalt
cauldrif	kåålrif	zum Frieren
coorse	küürß	unwirtlich
cuil	küül	kühl
dour	düür	ungemütlich
dreich	drîch	trübe
drumly	dramlî	düster
gowany	gaüènî	trügerisch-heiter
gowsty	gaüßtî	stürmisch
snell	ßnel	bitterkalt

gowany *wörtl.: gänseblümchenmäßig*

Zu den unerfreulicheren Wettererscheinungen die man erleben kann, gehört auch der vor allem an der Ostküste bekannte **haar** hâr – ein feiner feuchter hartnäckiger Nebel, der vom Meer her ins Land zieht. Ähnlich unter die Haut gehen kann der **Scotch mist** ßkåtsch mißt *schottischer Nebel* genannte feine Nieselregen. Als **hail watter** hêl wâ'èr *Hagelwasser* bezeichnet man einen extrem kräftigen Regen, der durch den Wind oft einen **sklent** ßklent, eine schräge Fallrichtung hat und manchmal sogar horizontal zu kommen scheint, was den Gebrauch von Regenschirmen recht schwierig macht. Es kann also leicht passieren, dass man **droukit** drüükit *klatschnass* wird.

Für solche und andere Wetterphänomene gibt es einen reichen Schatz an lokal oder regional verbreiteten Ausdrücken; mehr aufzuführen, würde wohl unangemessen abschreckend wirken. Deshalb lieber schnell zu dem, womit man den Körper gegen die Witterungseinflüsse bedeckt.

Kleidung

Der Schotte im karierten Rock – im **kilt** kilt – ist heute so etwas wie das weltweit bekannte Wahrzeichen für das ganze Land, auch wenn dieses Kleidungsstück nicht mehr gar zu häufig anzutreffen ist und die meisten Schotten sich so anziehen wie andere Westeuropäer. Dennoch trägt man den Kilt mit Stolz an Festtagen und zu anderen Gelegenheiten, vor allem im Hochland und auf den Hebriden, wo die Zugehörigkeit zu einem **clan** klan noch eine große Rolle spielen kann.

Arran sweater arèn ßwe'er dicker einfarbiger Wollpullover, benannt nach der Insel Arran

bonnet bånèt schirmlose Wollmütze

braws bråås Sonntagsstaat

breeks brîkß Hosen; auch Unterhosen

claes klês Kleidung

goon güün Nachthemd

jammies dschamîs Schlafanzug, von pyjamas

Paisley pattern pêslî pa'èrn in der Stadt Paisley entworfenes buntes Stoffmuster nach indisch-arabischen Vorbildern

plaid plêd karierte Decke, früher als großer Kilt um den Körper gewickelt wie eine Toga

pooch püütsch Tasche

sark ßark Hemd

sgian dhu ßkîèn düü Zierdolch, zum Kilt im Strumpf getragen *wörtl.: schwarzes Messer*

shae, shoon schê, schüün Schuh, Schuhe

sporran ßpårèn vor dem Kilt hängende Ledertasche

tartan tar'n karierter Stoff

Tam O'Shanter tamèschântèr Bommelmütze

tammie tamî Bommelmütze

tourie tüürî Bommel

tartan trews tar'n trüüs karierte Hosen, heute vorwiegend von Militärs getragen

togs tågs Klamotten

wellies welîs Gummistiefel, benannt nach dem irischen General und Politiker Wellington (1769-1852)

scuddies ßkadîs *– also das was die Münchner „Nackerte" nennen, sind in Schottland aus zwei Gründen selten zu sehen: Religion und Witterung wirken hier sozusagen Hand in Hand zur Wahrung von Zucht und Sitte.*

Tam O'Shanter *ist der Titelheld eines berühmten Gedichts von Robert Burns.*

Was da kreucht und fleucht

Das berühmteste schottische Tier ist fraglos **the Loch Ness monster** thè lách neß månßtèr – das sagenhafte Ungeheuer vom Loch Ness. Das meistgesehene Tier hingegen ist in Schottland eine weniger spektakuläre Kreatur, **sheep** schîp genannt: das Schaf.

Die Hochland-Straßen führen fast immer durch Weideland für **Cheviot** tschîvîèt oder **Linton** lintèn. Erstgenanntes ist ein rein weißes Bergschaf; das andere heißt auch **blackface** blakfêß. Die Zäune, die ein Weidegebiet vom anderen trennen, werden ergänzt durch Metallgitter in den Straßen. Das sind die **cattle grids** ka'l grids *Rindergitter*, wenn sie auch eindeutig eher für Schafe gedacht sind.

Das Wort **sheep** ist natürlich viel zu allgemein für Schafhalter. Genauer heißt es:

belled wether
bedeutet wörtlich: beglockter Hammel.

belled wether beld wethèr Leithammel
dinmont dimènt Schaf zwischen der ersten und zweiten Schur, also 1,5 -2,5 Jahre alt
hog håg Jährling vor der ersten Schur
tuip/tup tüüp/tap Widder
yowe jaü Mutterschaf

Zum Schaf gehört der schottische Schäferhund, der **collie** kâlî in seiner schwarz-weißen Urform, von der die Zierrasse und somit auch der Fernsehhund **Lassie** laßî *Mädchen* abstammt. Echte Collies sind Hirtenhunde mit einer beeindruckenden Intelligenz, die sie auch in Wettbewerben – den **sheep dog trials** schîp dåg traièls – unter Beweis stellen. Diese Vorführungen lohnen schon den Besuch einer Landwirtschaftsschau oder **show** schô.

Aberdeen Angus abèrdîn añgèß schwarze schwere hornlose Rinderrasse aus der Gegend zwischen **Aberdeen** und **Dundee**

baudrons båådrèns Mieze

capercailie kapèrkêlî Auerhuhn

capercailie heißt auch eine der bekanntesten schottischen Folkmusikgruppen.

coo, kye küü, kai Kuh, Kühe

corbie kårbî Rabe

craw kråå Krähe

cuddy kadî Esel

dug dag Hund

garron garèn kleines Zugpferd

gibbie gibî Katze

Hieland cattle hîlèn ka'l Hochlandrind

lintie lintî Lerche

midgie midschî Stechmücke

mowdiewort maüdîwèrt Maulwurf

penny dug penî dag ein Hund, der schön bei Fuß geht (damit seinem Herrn kein Penny abhanden kommt)

wörtl.: Pfennighund

pownie paünî Reitpferd

sheltie scheltî Shetlandpony

soo ßüü Sau

stirk ßtèrk Mastochse

tike taik Köter

westie weßtî kurz für **West Highland terrier**

whaup wååp Brachhuhn

whitrat/futret witrèt/fatrèt Frettchen

Was da grünt und blüht

Die auffälligste aller Pflanzen in Schottland ist **heather** hethèr *Heidekraut*, das vor allem im Hochland große Flächen bedeckt und je nach Jahreszeit die Farben bestimmt. Die Wappenblume Schottlands aber ist die Distel – **thistle** thißl genannt. Beide Bezeichnungen sind mit den englischen identisch. Es gibt aber natürlich vieles aus der Botanik, was rein schottische Namen trägt:

wörtl.: Schlechtgeld

bad-money badmanî Enzian

bere bîr Gerste (hiervon stammt der Name für den Gerstensaft ab)

birk bèrk Birke

blaeberry blêbèrî Heidelbeere

bloomin blüümin blühend; im übertragenen Sinn eine salonfähigere Version von **fuckin** fakin *fickend*, dem überall einbaubaren Allerweltsschimpfwort

wörtl.: blutige Finger

bluidy fingers bladî fiñgèrs Fingerhut

bourtree büürtrî Holunder

brammle braml Brombeere

brawlins brååālins Preiselbeere

breckan brekèn Farn

breer brîr Wildrose

broom brüüm Ginster

crack nut krak nat Haselnuss

docken dåkèn Ampfer; **no gie a docken** nô gî è dåkèn *nicht geben einen Ampfer* = nichts darum geben

dusty miller daßtî milèr Aurikelart mit weißgepudertem Aussehen	*wörtl.: staubiger Müller*
gean gîn Wildkirsche	
gowan gaüèn Gänseblümchen	
groset gråßèt Stachelbeere	
haver hêvèr Hafer; auch: Unsinn reden	
hissel hißl Haselstrauch	
jag dschag Dorn/Stachel	
larick larik Lärche	
ramps rampß Bärenlauch	
rone rôn Dickicht	
rowan raüèn Eberesche	
shank schañk Stamm/Stiel	
shilagie schllagî Huflattich	
siven ßivèn Waldhimbeere	
sourock ßüürèk Sauerampfer; auch : Griesgram	
speengie rose ßpîndschî rôs Pfingstrose	*wörtl.: spanische Rose*
whin win Stechginster	
willie wilî Weide	
wormit wèrmit Wermut	

Essen & Trinken

Schottisches Essen – Essen in Schottland, das ist nicht dasselbe. Was die Schotten essen, ist heute eine Mischung aus traditioneller und internationaler Küche. Bei den Restaurants gibt es reichlich indische, chinesische, italienische und allerlei andere, aber nur wenige, die sich auf schottische Küche spezialisieren. Falls man jedoch eines hiervon findet, sollte man sich die Gelegenheit nicht entgehen lassen, eines der folgenden Gerichte auszuprobieren:

aus dem Meer

Cullen skink kalèn ßkiñk Cremesuppe mit geräuchertem Schellfisch. Cullen ist ein Küstenort in Nordostschottland; skink bezeichnet eigentlich einen Rindsknochen oder eine daraus gekochte Suppe.

Partan bree par'n brî Krebssuppe mit Reis und Sahne

Arbroath smokies arbrôth ßmôkîs über Holzfeuer langsam geräucherter kleiner Schellfisch, warm serviert. **Arbroath** ist ein Ort im Nordosten Schottlands, wo man diese Räuchermethode perfektioniert hat.

Finnan haddie finèn hadî golden geräucherte Schellfischfilets, meist gedünstet und in cremiger Sauce. Benannt nach dem Ort **Findon** an der Nordostküste.

Scotch salmon ßkåtsch ßamèn Lachs, auf verschiedenste Weisen zubereitet	
Cod in mustard sauce kådin maßtèrd ßååß Kabeljau in Senfsauce	
Fried herrings in oatmeal fraid herins inôtmîl Gebratener Hering, mit Hafermehl paniert	

Dazu noch viele andere Arten von Salz- und Süßwassergetier, denn kein Ort in Schottland ist vom Wasser allzu weit entfernt!

ling	liñ	Leng
lobster	låbßtèr	Hummer
mussels	maßls	Miesmuscheln
oysters	oißtèrs	Austern
mackerel	makèrèl	Makrele
pike	paik	Hecht
sole	sôl	Scholle
trout	traüt	Forelle
whiting	waitiñ	Weißfisch

Dem **ham-a-haddie** hamèhadî *Schinkenschellfisch* begegnet man eigentlich nur in der folgenden Redensart, wobei der Nachsatz unausgesprochen bleibt:

yon's a fine ham-a-haddie
jånsè fain hamèhadî
das'ist ein feiner Schinken-Schellfisch
(aber in meiner Pfanne brätst du ihn nicht)
Das ist eine prima Geschichte, aber mir kannst du keinen Bären aufbinden!

Geflügel und Wild

Der **cock-a-leekie** kåkèlîkî *Hahn-Lauch* ist eine Hühnersuppe mit Lauch und Backpflaumen.

Ein **howtowdie** haütaüdî ist ein gefülltes Brathuhn in einer Soße mit Hühnerleber und pochierten Eiern.

Ein **howtowdie** *ist in Scots eine Junghenne, die noch keine Eier legt und damit im übertragenen Sinne auch eine unverheiratete junge Frau.*

Die **grouse** graüß und **capercailie** kapèrkêlî sind wildlebende schottische Moorhühner. Die Jagdsaison beginnt am 12. August, dem **Glorious Twelfth** glåårièß twelfth *glorreicher Zwölfter*, wenn Horden von wohlhabenden Leuten – vorwiegend in England ansässig – in den Hochlandrevieren einfallen. Die örtliche Bevölkerung hat meist nur die Chance als **beater** bî'èr an dem Geschehen teilzunehmen. Die Arbeit dieser „Schläger" besteht darin, die Tiere vom Boden aufzuscheuchen.

Auch die Jagd auf anderes Wild und das Angeln nach Lachsen ist ein Privileg der Reichen, die sich dabei von einem revierkundigen **gillie** gilî führen lassen. Man sollte sich ernsthaft fragen, ob man durch den Verzehr von **venison** venisèn *Hirsch/Reh* und **pheasant** fesnt *Fasan* dieses System unterstützen will.

Beim Lachs kann man beruhigter zulangen, denn der meiste Lachs stammt aus der Küstenfischerei oder von an der Küste gelegenen Fischfarmen. Mit der Angel gefangene Lachse landen meist nicht im Handel, es sei denn der Angler war ein **poacher** pôtschèr *Wilderer.*

Hausmannskost

Das wohl meist gekochte schottische Gericht überhaupt ist **mince'n tatties** minßn ta'îs *Hackfleisch und Kartoffeln*. Dabei wird Rinderhack mit Zwiebeln angebraten, mit Rinderbrühe übergossen und geschmort. Dazu gibt es Kartoffelbrei. Beliebt sind auch **stovies** ßtôvîs, Kartoffelaufläufe mit Schinken, Schinkenspeck oder Hühnerfleisch. Und dann gibt es noch **Scotch Broth** ßkåtsch bråth, ein Graupeneintopf mit Hammelfleisch.

Wie in England heißt die Morgenmahlzeit **breakfast** brekfèßt und das Mittagessen **lunch** lantsch. Die alltägliche Hauptmahlzeit – das Abendessen – nennt man **supper** ßapèr, **dinner** bzw. **denner** denèr oder auch **tea** tî. Achtung: Nur ein **cup o tea** kapètî ist auch eine Tasse Tee:

Will ye come roon for yer tea?
wil ji kam rüün fèr jèr tî
wirst du kommen herum für deinen Tee
Kommst du vorbei zum Abendessen?

Dies ist wichtig beim Verständnis eines alten Vergleichs, in dem die nicht nur nach eigener Einschätzung extrem gastfreundlichen **Glaswegians** glaswîdschèns die Bewohner von **Edinburgh** ednbèrè als das genaue Gegenteil brandmarken. Wenn man ein Haus in Glasgow besucht – so heißt es – wird man gefragt:

Ye will stay for yer tea?
ji wil stê fèr jèr tî
du wirst bleiben für deinen Tee
Du bleibst doch zum Essen?

Die Edinburger Standardfrage dagegen – so sagt man – lautet:

Ye will have had yer tea?
jiwilèv hadjèr tî
du wirst haben gehabt deinen Tee
Du hast doch sicher schon gegessen?

Die Glaswegians würden aber sogar ihren Erzrivalen aus Edinburgh niemals nachsagen wollen, dass dort Gästen noch nicht einmal eine Tasse Tee angeboten wird.

der schnelle Imbiss

Den bekommt man im **chippie** tschipî – nicht selten von Nachkommen italienischer Einwanderer betrieben. Standardgericht ist das **fish supper** fisch ßapèr. Es besteht aus Fischfilet, meist **haddock** hadèk *Schellfisch* und Pommes Frites. Der Fisch ist frittiert in **batter** ba'èr, einem dünnen Rührteig. Wenn man keine Fritten dazu will, bestellt man einen **single fish** ßiñgl fisch und die gleiche Unterscheidung zwischen **supper** *mit* und **single** *ohne* gilt für die anderen Dinge, die es hier gibt.

Dazu gehören wie in England **pies** pais, Blätterteigpasteten mit verschiedenen Füllungen. Typisch für Schottland sind die **bridies** braidîs, auch nach dem Ort **Forfar** fårfèr als **Forfar bridies** bekannt, mit Rindfleisch- und Zwiebelfüllung in einer Art Brotteig. Frittiert in **batter** werden **black puddin** blak püdn, **red puddin** und **white** wait oder **mealie** mîlî **puddin.** Das erste ist eine Art Blutwurst, das zweite und dritte sind gleich geformte, aber anders gefärbte Würste mit bzw. aus Hafermehl. Beim Verpacken wird in Schottland gefragt:

Salt'n vinegar?
såå'n vinègèr
Salz und Essig?
(im Westen)

Salt'n sauce?
såå'n ßååß
Salz und Soße?
(im Osten)

Im zweiten Satz ist dunkelbrauner Ketchup nach Art der Marke **HP** eitschpî *gemeint.*

Zwei besondere Dinge gibt es hier noch zu erwähnen. Zum einen eine Art Fleischwurst, die unter der Bezeichnung **smoked sausage** ßmôkd ßåßidsch läuft und ebenfalls – allerdings meist ohne Teig – frittiert wird. Der größte Andrang im **chippie** herrscht nun meist kurz nach Kneipenschluss und es ist die Frage, ob man dann noch imstande ist, ohne Holpern die Bestellung **a smoked sausage supper** è ßmôkd ßåßidsch ßapèr aufzugeben. Falls jemand etwas total Unverständliches nuschelt, ist die Wahrscheinlichkeit aber nicht gering, dass das erfahrene Personal ihm genau das Gericht serviert, das für alkoholisierte Kunden am schwersten auszusprechen ist.

Zum Schluss noch das schottischste aller Gerichte, der **haggis** hagiß. Im **chippie** wird auch er in Wursthülle und **batter** zubereitet, aber die traditionelle Art Haggis zu kochen, ist in einem Schafsmagen. Hauptbestandteil sind die Innereien des Schafs, vor allem Leber und Herz, vermischt mit Hafermehl und gut gepfeffert. Haggis schmeckt ungefähr wie warme grobe Leberwurst und ist uneingeschränkt zu empfehlen. Daheim isst man ihn mit **neeps'n tatties** nîpßn ta'îs, pürierten gelben Rüben und Kartoffelbrei.

andere Wörter zum Thema Essen

bannock banèk runder flacher Kuchen
belly-timber belîtimbèr Fressalien *wörtl.: Bauch-Brennholz*
brose brôs Hafer- oder Erbsenmehl mit Wasser oder Milch, sowie Salz und Butter heiß angerührt
bubblyjock bablîdschåk Truthahn
caller kåålèr frisch
champit tschampit zerstampft/püriert
clapshot klapschåt Kartoffelbrei mit pürierten Rüben
clootie dumplin klüütî damplin eine Art Früchtebrot, das man in einem Tuch in heißem Wasser siedet *wörtl.: Tuchkloß*
foosty füüßtî alt/vergammelt (bei Fisch, Obst, Gemüse)
kail kêl Kohl
dook düük eintunken
gruel grüèl Haferschleim
gust gaßt Geschmack/Probierhappen
jeelie dschîlî Gelee/Marmelade
hummie hamî Prise
hungert hañgèrt hungrig
meat mît Essen *wörtl.: Fleisch*
nip nip scharfer oder saurer Geschmack
pan loaf pan lôf Brot mit einer knusprigen Kruste. *wörtl.: Pfannenlaib.* Im Gegensatz zum **plain loaf** plên lôf = einfacher Laib; übertragen bezeichnet pan loaf eine gestelzt-vornehme Aussprache
piece pîß Butterbrot/Sandwich

Redensarten mit kail:
cauld kail het again
kåål kêl he'ègen
wörtl.: kalter Kohl wieder gewärmt = jede Art von Resteessen oder übertragen „kalter Kaffee"

scaud ane's lips on ither fowks' kail
ßkååd êns lipß ån ithèr faükß kêl
wörtl.: sich die Lippen an anderer Leute Kohl verbrühen = durch Einmischung in fremde Angelegenheiten in Misskredit geraten

	parritch paritsch	Haferbrei
	sappie ßapî	saftig/weich
	scones ßkåns	Teegebäck mit Butter und Marmelade gegessen
wörtl.: Kurzbrot	**shortbread** schårtbred	Butterkeks
wörtl.: vollgestopft	**stappit fu** ßtapit füü	pappsatt
wörtl.: verhungernd	**stervin** ßtervin	extrem hungrig
	sunkets ßañkètß	Leckereien
	syboes/sybies ßaibîs	grüne Zwiebeln
wörtl.: leer	**toom** tüüm	ausgehungert
	wersh wèrsch	fade/ungenießbar

alles Käse

Leider oft nicht so einfach zu finden sind traditionelle schottische Käsesorten, die aber durchaus zu den Delikatessen des Landes gehören und den Vergleich mit französischen oder italienischen Vettern nicht zu scheuen brauchen. Augen auf nach den Folgenden:

Orkney årknî	kommt von den **Orkney**-Inseln, ist fest aber sahnig (auch geräuchert)
Blue Stewart blüü ßtjüèrt	ein milder Blauschimmelkäse, dessen weiße Variante dagegen recht salzig schmeckt
Kebbock kebèk	ein milder Weichkäse in Hafermehl gerollt
Crowdie kraüdî	eine Art Hüttenkäse mild im Geschmack
Ramsa ramßa	ein sahniger Weichkäse mit wildem Knoblauch

Süßigkeiten

Dass die Statistik den Schotten Europas schlechteste Zähne bescheinigt, liegt sicher nicht zuletzt an den beliebten Schleckereien. Man kauft sie am besten in Spezialgeschäften, wo sie aus Bonbongläsern in ein **poke** pôk *Tüte* gefüllt werden. Wer keine Angst vor Karies hat, kann folgendes probieren:

alicreesh	alikrîsch	Lakritze	
butter scotch	ba'èr ßkåtsch	Butterkaramel	
Edinburgh rock	ednbèrè råk	Zuckerstange	*wörtl.: Edinburger Felsen*
gundy	gandî	Toffee	
Hawick ba	håik båå	nach der Stadt in den Borders benanntes Lutschbonbon	*wörtl.: Hawick-Ball*
Jeddart snails	dschedèrt ßnêls	nach der Stadt in den Borders benannte Toffeeart	*wörtl.: Jedburgh-Schnecken*
lozenger	låsèndschèr	Bonbon in Rautenform	*wörtl.: Rauter*
pan drop	pan dråp	Pfefferminzbonbon	*wörtl.: Pfannentropfen*
soor plooms	ßüür plüüms	saure Drops	*wörtl.: saure Pflaumen*
tablet	tablèt	weiches Butterbonbon	*wörtl.: Tablette*
taffie apple	tafiapl	kandierter Apfel	

In kleinen Süßwarenläden kann man noch viele andere Sorten oft hausgemachter Süßigkeiten kaufen. Etwas zum Schlecken findet man natürlich auch in einem **Jenny-a-things** dschenî ååthiñs – einem Kramladen nach Tante Emma-Art. Heutzutage nennt man ein solches Geschäft aber meist **pakie** pakî, denn pakistanische oder indische Einwanderer betreiben vorzugsweise solche Gemischtwarenläden. Hier macht man auch zu abendlicher Stunde noch seine Einkäufe, was man **gettin messages** ge'n meßidschis, also „Botschaften holen" nennt.

Die Kurzform **pakie** von **Pakistani** ist eigentlich kein Schimpfwort, genau wie **chinkie** für Chinesen oder China-Restaurants. Nicht selten spiegelt aber der Gebrauch solcher Wörter doch rassistische Überheblichkeit wider, die im krassen Gegensatz zum Gleichheitsgebot steht, zu dem sich Schotten sonst gerne bekennen.

vom Wasser des Lebens & anderen Tropfen

Das berühmteste schottische Getränk ist der Whisky, auf dessen Erfindung aber auch die Iren Ansprüche erheben. Der Name kommt vom gälischen uisge beatha üschkè båå, was soviel bedeutet wie „Wasser des Lebens". Der beste Whisky ist **Malt Whisky** mååt wißkî *Malzwhisky* aus Gerstenmalz destilliert. Es gibt eine große Anzahl Sorten, die pur oder mit einem Schuss Leitungswasser verdünnt getrunken werden, niemals jedoch mit Eis.
Die gängigeren und preiswerteren Sorten sind **blends** blens *Mischungen* von **malt** und **grain** grên *Kornwhisky* aus ungemalzter Gerste. Falls man keine besondere Marke bevorzugt, bestellt man in der Kneipe einfach **a dram** è dram oder **a nip** è nip. Alkoholika jeder Art fasst man unter den Oberbegriff **bevvy** bevî, eine Abkürzung von **beverage** bevèridsch *Getränk*.

Beim Anstoßen wünscht man sich:

cheers	**slainte**	**slainte bhath**
tschîrs	slândsch	slândschè vâ
Prost	*Gesundheit*	*gute Gesundheit*

Das Wort **slainte** *ist gälischen Ursprungs!*

Auf den letzten Ausspruch erwidert man:

slainte mhor
slândschè vår
große Gesundheit

Wenn Sie sich endlich einmal einen bestimmten Whisky bestellen wollten, bisher aber nicht wussten, wie man den Markennamen ausspricht, hilft hoffentlich der folgende kleine Auszug aus der Vielfalt schottischer **Single Malts:**

Aberlour	abèrlaüèr
Auchroick	åthraßk
Bunnabhain	bünâvèn
Cardhu	kardüü
Craigellachie	krêgelèchî
Glenmorangie	glenmårandschî
Inchgower	intschgaüèr
Laphroaig	lafråik
Lochnagar	låchnagâr
Macallan	mèkalèn
Macphail's	mèkfêls
Oban	ôbèn
Strathisla	ßtrathaila
Tomintoul	tåmintüül

Daneben sei hier noch ein dreifach destillierter **Single Grain** namens **Cameron Brig** kamèrèn brig zum Probieren empfohlen.

Beim Bier gibt es die Wahl zwischen **heavy** hevî und **special** ßpeschèl – auch **eighty** êtî und **seventy** ßevèntî genannt nach den alten Preisen in Schilling pro Fass. Beide Sorten sind dunkel und gehören zu der aus Kreuzworträtseln bekannten Gattung **ale** êl, das **heavy** hevî oder **eighty** ist etwas stärker. Noch alkoholhaltiger und süßlicher ist das nur gelegentlich anzutreffende **ninety** naintî, das ähnlich schmeckt wie ein schwarzes **stout** ßtaüt. **Export** ekßpårt ähnelt dem **special** und wer ein helles Bier bevorzugt, muss **lager** lâgèr bestellen. Maß ist das **pint** paint, etwas mehr als 0,5 Liter und das **hauf-pint** hååf paint, wobei der obere Glasrand jeweils als Eichstrich gilt. Getränke sind an der Theke abzuholen und sofort zu bezahlen.

Geht man in Gruppen in die Kneipe, holt reihum jeder eine Runde und fragt die anderen vorher so etwas wie:

Whit are ye for?
wi'ârji får
was bist du für
Was magst du?

mehr Wortschatz zum Thema Trinken

Athol brose athèl brôs Whisky mit Honig, Hafermehl und Wasser angerührt – benannt nach einem Herzog von Atholl

black'n tan blakntan **Stout** und **Ale** zu gleichen Teilen gemischt

wörtl.: schwarz und braun

chaser tschêßèr ein kleines Bier zum Herunterspülen eines **dram**

wörtl.: Jäger

cronies krônîs Saufkumpanen/Zechbrüder

howff haüf Kneipe

wörtl.: Grabstätte

deochandorus dschåkèndåréß ein letztes Glas vor dem Heimweg (Gälisch)

wörtl.: Türschluck

Drambuie drambjüî Whiskylikör; ein Wortspiel mit **dram** *Glas Whisky* und **Drumbuie** *(Ortsname)*

dram *bezeichnet eine Maßeinheit: das Wort ist verwandt mit griech. „Drachme" und arab. „Dirham".*

Glasgow punch pantsch kalter Rumpunsch mit Zucker, Zitrone und Limone

gae on a bash gê ânè basch eine Zechtour machen

wörtl.: gehen auf einen Schlag

Glayva glêva Whiskylikör; vom gälischen Ausdruck für „sehr gut"

hauf'n hauf hååfnhååf ein Whisky und ein hauf-pint

wörtl.: halb und halb

wörtl.: Eisenbräu	**irn bru** airèn brüü eisenhaltige Limonade
wörtl.: Mondschein	**muneshine** müünschain illegal gebrannter Whisky, benannt nach der bevorzugten Tageszeit für die Produktion
	nip nip ein Glas Whisky
wörtl.: er nimmt ein kleines Halbes	**he taks a wee hauf** hî takßè wî hååf er ist ein Whiskytrinker
	poteen påtschîn illegal gebrannter Whisky
wörtl.: der echte Mackay	**the real Mackay** thè rîl mèkai ein guter Tropfen
	wee heavy wî hevî in kleine Flaschen abgefülltes Starkbier
wörtl.: nassmachen seine Pfeife/Gurgel	**weet ane's whistle/thrapple** wît êns wißl/thrapl einen heben
	willie-waught wilîwååt kräftiger Schluck

There's an awfae drouth on me!
thêrsèn ååfî drüüth ån mî
da'ist ein fürchterlicher Durst auf mir
Ich habe einen Höllenbrand!

Tume yer cup!
tüüm jèr kap
leer deine Tasse
Trink aus!

Aus dem schier unendlichen Wortschatz für verschiedene Grade der Trunkenheit:

as fu's a piper
as füüsè paipèr
so voll'wie ein Pfeifer
voll wie ein Dudelsackbläser

steamboats
ßtîmbôtß
Dampfschiffe
besoffen

bevvied up
bevîd ap
getränkt auf
angesäuselt

bleezin
blîsin
brennend
stockbetrunken

blin fu
blain füü
blind voll
sturzbesoffen

blitzed
blitzt
geblitz(krieg)t
stockbesoffen

fleein
flîin
fliegend
sternhagelvoll

fu
füü
voll
betrunken

greetin fu
grî'n füü
weinend voll
rührselig

kybosht
kaibåscht
gekuhfladet
volltrunken

steamin
ßtîmin
dampfend
besoffen

Hier noch der letzte Vers eines alten Trinkliedes zur Illustration schottisch-geselliger Zechphilosophie:

Sae fill up yer glasses, let the bottle gae roon
sê fil ap jèr glâßis let thè båtèl gê rüün
fur the sun has come up, tho the mune hae gane doon
fèr thè ßan has kam ap thô thè müün hê gên düün
an if the room be rinnin roon aboot, there's time enough tae flit
an if the rüüm bî rinin rüün abüüt thêrs taim înaf tê flit
fur when we fell, we aye got up again, an sae will we yet!
fèr wen wî fel wî ai gåt ap ègen an ßê wil wî jet

Auf Deutsch nachgedichtet:
Also füllt eure Gläser, reicht die Flasche umher, denn die Sonne geht auf, scheint der Mond auch nicht mehr.
Und dreht der Raum sich auch im Kreis herum, gehn wir noch lang nicht heim:
Wenn einer fiel, stand er halt wieder auf, und so wird's auch sein!

(Zwischen-)Menschliches

Zur höflichen Begrüßung gebraucht man in Schottland je nach Tageszeit:

vor 12 Uhr mittags	**guid morning**	güd mårnin	guten Morgen
nach 12 Uhr mittags	**guid efternoon**	güdeftèrnüün	guten Tag
ab ca. 6 Uhr abends	**guid evening**	güdîvnin	guten Abend

Mit einem Smartphone können Sie sich die Wörter, Sätze und Redewendungen dieses Kapitels anhören.

Das familiäre **hullo** hèlô ist zu jeder Tageszeit zu hören, genau wie **hi** hai oder **hiya** haija. Es wird oft begleitet von einem kurzen seitlichen Kopfnicken. Üblich ist auch sich nach dem Befinden des Gegenübers zu erkundigen, mit einer Vielfalt von Fragen, die eigentlich alle das gleiche bedeuten: Wie geht's?

Hoo are ye, awricht?
hüârji årecht
wie bist du ganz-richtig

Hoo are ye daein?
hüârji dîin
wie bist du tuend

Hoo are ye gettin on?
hüârji ge'nån
wie bist du kommend voran

Hoo are ye fettlin?
hüârji fetlin
wie bist du zurechtkommend

Hoo are ye diddlin?
hüârji didlin
wie bist du tanzend/trällernd

No bad.
nô bad
Nicht schlecht.

Hellish!
helisch
Höllisch!

Terrible!
teribl
Schrecklich!

Dinnae ask!
dinîâßk
Frag nicht!

Man hört außerdem noch eine Menge anderer Klagen, oft eingeleitet durch ein **och/ach** åch/ach, wie wir es ja auch kennen:

Ah'm weel scunnert!
âm wîl ßkanèrt
Mir stinkt es gewaltig!

The warld's gane gyte awthegither.
thè warlds gên gait ååthègithèr
Die Welt ist völlig verrückt geworden.

We maun aye thole a wheen o trouble.
wî måån ai thôlè wînè trabl
Wir müssen schon eine Menge Last ertragen.

Ah've had a hure o a day.
âv hadè hüürôè dê
ich'habe gehabt eine Hure von einem Tag
Ich hatte einen ganz beschissenen Tag.

It's a sair fecht.
itßè ßêr fecht
es ist ein schmerzhafter Kampf
Das Leben ist hart.

Zum Abschied sagt man:

Achtung: **cheerio** *ist ein Abschiedsgruß im Gegensatz zu* **cheers!** = *Prost!/Danke!*

bye	bai
cheerio	tschîrîô
cheerio the noo	tschîrîô thè nüü
toodeloo the noo	tüüdèlüü thè nüü

Für das Weggehen gibt es noch folgende Ausdrücke:

be aff
bîaf
sein weg
weggehen

be fur aff
bî fèraf
sein für weg
weggehen

shoot the craw
schüüt thè kråå
schießen die Krähe
abhauen

offski!
åfßkî
ab
Los!

Ah'm aff.
amaf
ich'bin weg
Ich gehe.

Are youse fur aff?
âr jüüs fèraf
seid ihr für weg
Wollt ihr gehen?

Let's shoot the craw!
letß schüüt thè kråå
lass'uns schießen die Krähe
Lass uns abhauen!

Feste & Feiern

Gefeiert wird in Schottland gern und ausgiebig. Mit oder ohne besonderen Anlass kann es jederzeit eine **pairty** pêr'î *Party* geben. Zu einer solchen findet man sich oft erst nach Kneipenschluss zusammen, und auf jeden Fall ist dabei das Mitbringen eines **cairry-oot** kêriüüt Pflicht. Mit diesem „Trag-aus" bezeichnet man alkoholische Getränke, die zum Mitnehmen in der Kneipe oder in einem **off-licence** aflaißènß – einem Laden mit Lizenz zum Verkauf von Alkoholika – erworben wurden.

Das größte Fest im Jahr ist Silvester, das in Schottland **Hogmanay** hågmènê heißt. Auch hier geht das Feiern meist mit einem Kneipenbesuch los, nach dem man sich dann erst in einer privateren Umgebung versammelt. Die 12-Uhr-Glocken erwarten viele auch auf der Straße, aber egal wo, zu diesem Zeitpunkt gehört das Absingen von **Auld lang syne** ååld lang sain zum festen Ritual. Die drei Wörter im Titel dieses Liedes bedeuten einzeln „alt, lang, vergangen" und zusammen „die alten Zeiten", um derentwillen man mit guten Freunden einen zur Brust nimmt.

Nach Mitternacht geht man **first-fuiting** fèrßtfü'n. Der **first-fuiter** fèrßtfü'èr ist derjenige, der zuallererst im neuen Jahr ein Haus betritt. Es bestehen aber gute Chancen, dass die Leute, die man beehren will, gerade bei einem selber an die Tür klopfen, wenn man vor der ihren friert. Da kommt die Flasche Whisky gerade recht, die bei diesem Anlass jeder bei sich tragen sollte. Außerdem kann man noch ein **bannock** und ein Stück Kohle oder auch eine Prise Salz mitnehmen, damit den Gastgebern diese Dinge im neuen Jahr nicht ausgehen. Nach **Hogmanay** kommt der **Neerday** nerdê *Niemalstag* – der 1. Januar. Die Zeit danach zählt zu den freudlosesten des Jahres: niemand hat noch Geld, draußen ist es meist sehr ungemütlich und der Frühling ist weit.

Kein Wunder, dass um den 25. Januar herum viele die Gelegenheit wahrnehmen, den Geburtstag von **Rabbie Burns** rabî bèrns mit einer **Burns night** bèrns nait zu begehen. Der zum Nationaldichter auserkorene Bauernsohn und Poet, der von 1759 1796 lebte, wird alljährlich mit einer Vielzahl von Banketten gefeiert. Bei diesen stehen außer **Whisky** und **Haggis** auch Musik, Gedichtrezitierungen und Reden auf dem Programm, in denen der wache und rebellische Geist des Dichters manchmal sogar wirklich zu spüren ist. Oft beschränkt man sich aber leider auf selbstgefällige Gefühlsduselei und augenzwinkernde Anspielungen auf Burns' Liebesleben.

Nicht nur der Dudelsack

Wenn es um Musik geht, führt an dem schottischsten aller Instrumente selbstverständlich kein Weg vorbei. Zuvor aber eine grundsätzliche Bemerkung: man muss bei der Suche nach typisch schottischen Klängen auf die scharfe Grenzlinie achten, die echte Volksmusik trennt von gemachter Volkstümlichkeit. Echte **folk music** fôk mjüüsik ist manchmal sehr kunstvoll, aber eben nie künstlich.

bodhran bèrân/baürèn Handtrommel

chanter tschântèr Melodiepfeife am Dudelsack

clarsach klarschach keltische Harfe

drone drôn Bordunpfeife am Dudelsack

fiddle fidl Geige

hieland pipes hîlèn paipß Hochlanddudelsack: ein Mundstück zum Füllen des Luftsacks, drei **drones** drôns für den Dauerton und ein **chanter** tschântèr fürs Melodiespiel

lowland/cauld wind pipes lôlèn/kåål win paipß Tieflanddudelsack, mit Blasebalg und deshalb mit – im Vergleich zur Atemluft – „kaltem Wind“ betrieben

mouthie müüthî Mundharmonika

squeezebox ßkwîsbåkß Akkordeon, *wörtl.: Quetschkasten*

tin/penny whistle tin/penî wißl Flageolett, *wörtl.: Blechflöte/Pfennigflöte*

Was man auf diesen Dingen produziert, sind **tunes** tjüüns *Instrumentalmelodien*. Die Melodie zu einem Lied heißt **air** êr *Luft/Atmosphäre*. Die häufigsten Arten von Liedern und Instrumentalmusik sind Folgende:

ballad balèd Ballade; Lied, das in schlichter Strophenform eine Geschichte erzählt
bothy ballad bâthî balèd Liedform aus dem Nordosten, wo Saison-Landarbeiter in einem **bothy** wohnten. *wörtl.: Hüttenballade*
diddlin / mouth music didlin / maüth mjüüsik gesungene Tanzmusik, bei der der Mund die Instrumente ersetzt *wörtl.: Trällern/Mundmusik*
jig dschig Tanzmelodie im 6/8-Takt
pibroch pîbrâch klassische Dudelsackmusik in Sinfonieform, auch **ceol mor** kjål mår *große Musik* genannt
ceol beg kjål bek Tänze und Märsche für Dudelsack, *wörtl.: kleine Musik*
reel rîl Tanzmelodie im 4/4-Takt
slow air ßlô êr getragene Instrumentalmelodie
strathspey ßtrathßpê Tanzmelodie im 2/4-Takt mit schluckaufartigen Verzögerungen

Ein typisch schottisches Tanzvergnügen heißt mit dem gälischen Wort **ceilidh** kêlî *Besuch*. Hier wird man auch als Tourist willkommen geheißen und kann sich von Einheimischen Tänze wie die folgenden beibringen lassen:

strip the willow
ßtrip thè wilô
schäl den Weidenbaum

dashing white sergeant
daschin wait ßardschènt
schneidiger weißer Unteroffizier

Gay Gordons
gê gårdns
lustige Gordons

Volksmusik wird sowohl auf Konzertbühnen als auch in Kneipen gespielt. Man sollte sich vor Ort erkundigen, wo und wann sich die ansässigen Musiker versammeln und sich dann die **session** ßeschn *(Sitzung) nicht entgehen lassen.*

Sieht man einen oder mehrere Musiker mit verpackten Instrumenten, so sind sie meist durch eine einfache Aufforderung zum Auspacken derselben zu bewegen:

Gie's a tune, lads!
gîsè tjüün lads
gebt'uns eine Melodie Jungs

Durch die Bereitstellung einer Runde Getränke wird die Chance, den Wunsch erfüllt zu bekommen, natürlich noch größer.

Weiteres aus dem Reich der Töne:

wörtl.: schnelle Drehung	**birl** bèrl eine Folge von **grace notes** grêß nôtß Verziernoten auf dem Dudelsack
	lilt lilt beschwingtes Hüpfen einer Melodie
	pipe band paip band Dudelsackkapelle
wörtl.: Pfeifenmajor	**pipe major / pipie** paip mêdschèr / paipî Kapellmeister einer Dudelsackkapelle
wörtl.: Pfeifen und Trommeln	**pipes'n drums** paipsn drams Dudelsackkapelle mit Trommlern
wörtl.: Schrei	**skirl** ßkèrl ein hoher oder auch falscher Ton auf dem Dudelsack

Der Dudelsack ist, obwohl heutzutage auch von Frauen gespielt, traditionell mit der Männlichkeit verknüpft. In dem Volkslied **Maggie Lauder** wird die Titelheldin von einem **piper** zum Tanzen angehalten; sie willigt aber erst ein, nachdem dieser sich als ein berühmter Musiker und Frauenheld zu erkennen gibt:

Piper, quo she, hae ye yer bags, or is yer drone in order?
paipèr kwô schî hê jî jèr bags år is jèr drôn in årdèr
Pfeifer, sagt sie, hast du den Sack und ist dein „drone" in Ordnung?

Gin ye be Rab, Ah've heard o ye – live ye upon the border?
gin jî bî rab âv herd è jî liv jî èpån thè bårdèr
Wenn du Robert bist, so hört ich von dir – lebst du nicht an der Grenze?

The maidens aw baith near and far hae heard o Rab the Ranter,
thè mêdens åå bêth nîr èn fâr hê herd è rab thè rantèr
Die Mädchen alle nah wie fern hörten von Rob dem Tollen,

Ah'll shak ma fit wi richt guid will gin ye blaw up yer chanter.
âl schak ma fît wi richt güd wil gin jî blåå ap jèr tschântèr
ich schüttel meine Füße gern, bläst du auf deinem „chanter".

Sport & Spiel

Fußball – **fitba** fitbåå ist der Volkssport Nummer eins in Schottland. In Glasgow nennt man **fitba** einfach **ra gemme** ra geme *das Spiel*. Wer in Schottland zu Gast ist, sollte sich den Besuch eines Spiels nicht entgehen lassen. Besonders in den größeren Städten sind viele Leute **fitba daft** fitbåå dâft *Fußball-verrückt*. Beim Match zeigt man auch ungeniert die ganze Bandbreite seiner Gefühle.

in Glasgow

Club	Spitzname	Stadion
Rangers	**Gers**	**Ibrox**
rêndschers	dschêrs	aibråkß
Celtic	**Celts**	**Parkhead**
ßeltik	ßeltß	parkhîd

Zusammen heißen die beiden Clubs, die oft die verfügbaren Trophäen unter sich auftei-len, **the Auld Firm** thiååld fèrm *die alte Firma.*

in Edinburgh

Club	Spitzname	Stadion
Heart of Midlothian	**Hearts/Maroons**	**Tynecastle**
hartèf midlôthièn	hartß/mèrüüns	tainkâßl
Hibernian	**Hibs/Hibees**	**Easter Road**
hibèrnièn	hibs/haibîs	îßtèr rôd

und außerhalb der beiden Metropolen

Club	Spitzname	Stadion
Aberdeen	**Dons**	**Pittodrie**
abèrdîn	dåns	pitådrî
Dundee United	**Tangerines**	**Tannadice**
dandî jünaitid	tandscherîns	tanèdaiß

Länderspiele und Pokalendspiele finden im Glasgower **Hampden Park** hamdèn park statt.

... und andere Sportarten

Gewissermaßen zum Ausgleich für die oben genannten Spektakel besitzt Edinburgh **Murrayfield** marêfîld – die Austragungsstätte der Ländervergleiche im **Rugby** ragbî. Rugby hat seine Clubhochburgen in den ländlichen **Borders** bårdèrs – dem Grenzgebiet im Süden. Das Mekka der Golfer ist **St. Andrews** ßèntandrüüs, aber Golfplätze gibt es überall und für jedermann. Vorwiegend im Hochland ist das **shinty** schintî zu finden. Es ist dem Feldhockey verwandt und wird auf Rasen gespielt, ist aber ähnlich rauhbeinig wie Eishockey. Besonders der Gebrauch der **caman** kamèn genannten Stöcke scheint so zügellos, dass die relativ geringe Häufigkeit schwerer Verletzungen wie ein Wunder wirkt.

Wer es ruhiger angehen lassen will, kann etwa **bools** büüls *Boccia* spielen und im Winter **curling** kèrlin *Steineschießen auf Eis.* Man kann auch gleich in der Kneipe Karten – **cairds** kêrds – spielen oder ein Dominospiel beginnen wie z.B. **penny chap** penî tschap *Pfennigklopfen.* Wer nicht anlegen kann und stattdessen auf den Tisch klopft, muss hierbei eine Strafe zahlen. Auch bei anderen Spielen mit den **dominoes** dåminôs geht es um meist kleinere Summen.

Ähnliches gilt für das Wetten. Es gibt natürlich überall **buikies** bükîs *Buchmacher.* Erlebnisreicher als ein Gang ins Wettbüro ist aber der Besuch bei den **bowwows** baüwaüs *Wauwaus* oder **grews** grüüs, den *Grauen.* Diese Windhunde laufen in eigens für sie errichteten Stadien.

Sehenswert sind auf alle Fälle auch die Wettbewerbe, die unter **Highland Games** hailèn gêms *Hochlandspiele* firmieren. Neben ganz normalen Laufkonkurrenzen wid hier noch mit Steinen oder mit dem **caber** kêbèr genannten Baumstamm geworfen. Weitere Disziplinen sind traditioneller Tanz und Dudelsackspiel.

Geschichte: eine Katastrophe

Nichts ist in Schottland so gegenwärtig wie die Vergangenheit. Das Land lebt mit und zu einem nicht unerheblichen Teil auch (über den Tourismus) von seiner Geschichte. Gewisse Namen und Begriffe daraus hat jeder im Kopf und oft auch auf der Zunge, vor allem im Gespräch mit ausländischen Besuchern. Dabei findet der weit verbreitete Hang zum Klagen in der Erinnerung an mehr oder weniger große Katastrophen vor mehr oder weniger langer Zeit reichlich Stoff.

Ally's Tartan Army alîs tar'n armî
Fußball-Nationalmannschaft unter Trainer Ally Macleod mèklaüd, die bei der Weltmeisterschaft von 1978 nach großen Vorschusslorbeeren enttäuschte

wörtl.: hübscher Prinz Charles

Bonnie Prince Chairlie bânî prinß tschêrlî
Anführer des zweiten und letzten Versuchs zu einer Wiedereinsetzung des Herrscherhauses Stuart 1745

Covenanters kåvènântèrs Streiter für eine reformierte Kirche, deren Drang zum Märtyrertum im 17. Jahrhundert reichlich Gelegenheit geboten wurde

Culloden kèlådn letzte verlorene Schlacht 1746 unter Bonnie Prince Chairlie

Darien Disaster dâriên disâßtèr vergeblicher Versuch zur Gründung einer schottischen Kolonie auf der Landenge von Panama 1698

Glencoe Massacre glenkô maßèkèr Mord an Angehörigen des Macdonald-Clans, mit königlichem Freibrief ausgeführt von Mitgliedern des Clans Campbell 1692

Highland Clearances hailèn klîrènßis Vertreibung von Hochlandbauern im 19. Jh. um Flächen für die Schafzucht zu gewinnen

Jacobites dschakèbaitß Anhänger der 1688 ausgebooteten Stuarts – Verlierer zweier Feldzüge 1715 und 1745/46

Mary Queen o Scots mêrî kwînè ßkåtß 1587 in England enthauptete schottische Königin

Tay Bridge Disaster tê bridsch disâßtèr Einsturz der als technisches Wunderwerk gelobten Eisenbahnbrücke über den Fluss **Tay** tê bei **Dundee** 1879

Theodor Fontane schrieb hierüber ein bekanntes Gedicht.

William Wallace wiljèm wålèß 1305 in England auf äußerst gründliche Weise hingerichteter schottischer Unabhängigkeitskämpfer

Dies ist der im Film „Braveheart" mit ähnlicher Gründlichkeit verherrlichte Volksheld.

Mit dem Namen **Bannockburn** banèkbèrn verbindet sich der Stolz auf eine 1314 unter König Robert **the Bruce** thè brüüß gegen die Engländer gewonnene Schlacht. **Remember Bannockburn!** – *Erinnert euch an Bannockburn!* steht heute noch auf Spruchbändern schottischer Fußballfans, wenn es gegen England geht. Aber richtig gut beklagen kann man sich ja schließlich auch nur über eine unverdiente Niederlage, und so heißt das Fazit nach dem Spiel meist: **We wuz robbed!** wî wès råbd *Wir wurden beraubt!*

Religion: ein Kapitel für sich

In der Vergangenheit hat die Religion in Schottland sicherlich eine größere Rolle gespielt als jetzt, aber ein wichtiger Faktor ist sie immer noch. Schottland ist heute vorwiegend protestantisch, doch es gibt eine recht große katholische Minderheit. Obwohl bei weitem keine Verhältnisse wie in Nordirland herrschen, sind Spannungen zwischen den Konfessionen immer noch zu spüren.

Der endgültige Sieg der Reformation kam 1688 mit der Thronbesteigung Wilhelms von Oranien. Das niederländische Orange ist heute noch die Farbe der Protestanten, die deshalb von Katholiken mitunter als **orange bastards** årindsch bâßtèrds beschimpft werden.

Auf protestantischer Seite vergilt man dies den Katholiken mit dem Schimpfnamen **Fenian scum** fìnjèn ßkam. **Scum** bedeutet „Abschaum“; das Eigenschaftswort **Fenian** ist vom altirischen Namen für die Iren abgeleitet. In der Tat sind Katholiken im heutigen Schottland meist Abkömmlinge irischer Einwanderer und wenn sie Flagge zeigen, dann ist darauf das irische Grün zu sehen. Am deutlichsten wird dies auf dem Fußballplatz, wenn sich zum Beispiel in Glasgow der katholische Club **Celtic** und der protestantische **Rangers** gegenüberstehen.

Weiterer Wortschatz zum Thema Religion:

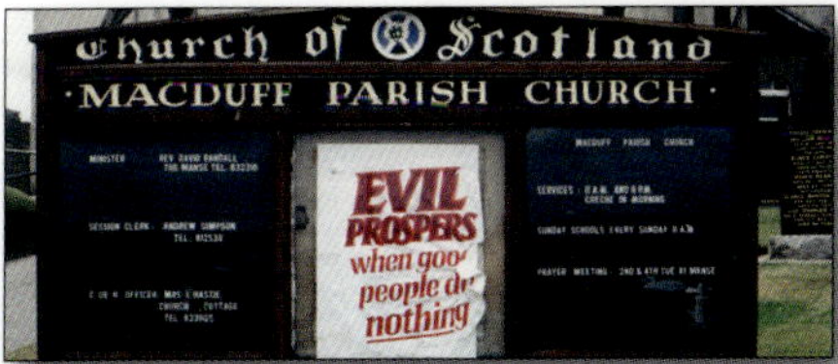

the Auld Kirk thîååld kèrk presbyterianische schottische Staatskirche	*wörtl.: alte Kirche*
Auld Nick ååld nik der Teufel	*wörtl.: alter Niklas*
blackcoat blakkôt Pfarrer	*wörtl.: Schwarzkittel*
bluenose blüünôs Protestant	*wörtl.: Blaunase*
the deil thè dîl der Teufel	
elder eldèr Presbyter	
Free Kirk frî kèrk Freie Kirche	
the guid buik thè güd bük die Bibel	*wörtl.: das gute Buch*
hellfire'n brunstane helfaièrèn branßtên Predigt mit Ausmalung der Höllenpein	*wörtl.: Höllenfeuer und Schwefel*
land o the leal land ô the lîl Himmelreich	*wörtl.: Land der Getreuen*
left-footer leftfütèr Katholik	*wörtl.: Linksfüßler*
nairra-nebbit neranebit frömmlerisch	*wörtl.: engnasig*
pape pêp Katholik	*wörtl.: Papist*
piskie pißkî Mitglied der protestantischen Bischofskirche	*wörtl.: Episkopaler*
proddie prådî Protestant	
ruid rüüd Kreuz	
Sabbath ßabèth Sonntag	*wörtl.: Sabbat*
sain ßên das Kreuzeszeichen machen	*wörtl.: segnen*
the unco guid thîañkè güd Scheinheilige	*wörtl.: die allzu Guten*
wee Free wî frî Mitglied der **Free Kirk**	*wörtl.: kleiner Freier*
whistle kirk wißl kèrk Kirche mit der bei den strengeren Protestanten verpönten Orgel	*wörtl.: Pfeifenkirche*

Hier noch ein paar Wörter aus dem eher abergläubischen Bereich:

banshee	banschî	weiße Frau; Geistererscheinung, die Unglück ankündigt	
broonie	brüünî	Heinzelmännchen; Kobold	
canny	kanî	glückbringend	
deasil	deßl	im Uhrzeigersinn (bringt Glück)	
gude fowk	güd faük	Feen, die mithören können	*wörtl.: gute Leute*
wee fowk	wî faük	Feen, die nicht mithören können	*wörtl.: kleine Leute*
kelpie	kelpî	Wassergeist, oft als Pferd dargestellt	
wanchancy	wantschânßî	unglückbringend	
withershins	withèrschins	entgegen dem Uhrzeigersinn (bringt Unglück)	

... und wie sie alle heißen

Diese kurze Auswahl schottischer Namen enthält vor allem solche, bei denen Ausspracheunsicherheiten auftreten könnten.

männliche Vornamen
Alan, Alasdair, Alastair, Alistair, Angus
alèn, alèßtèr, alèßtèr, alèßtèr, añgèß
Cairns, Donald, Douglas, Dougie, Duncan
kêrns, dånld, daglèß, düügî, dañkèn

Ewan, Gavin, Gordon, Hamish, Seamus
jüèn, gavin, gårdn, hêmisch, schêmèß
Hugh, Ian, Iain, Jock, Keith, Kenneth, Ken
chüü, îèn, îèn, dschåk, kîth, kenèth, ken
Malcolm, Murdo, Murray, Neil, Sandy
malkèm, mèrdô, marê, nîl, ßandî
Tam, William, Wullie
tam, wiljem, walî

weibliche Vornamen
Ailsa, Catriona, Fiona, Ishbel, Iseabail
êlßa, kètrîna, fiôna, ischbel, isèbel
Janet, Jean, Kirsty, Mairi, Mhairi, Morag
dschanèt, dschîn, kèrßtî, mârî, mârî, môrag

Familiennamen
Aitken, Baxter, Buchanan, Fraser
êkin, bakßtèr, bjüükanèn, frêsèr
Campbell, Cockburn, Colqohun, Craig
kambèl, kôbèrn, kèhüün, krêg
Dalziel, Gow, Grant, Gunn, Laing
dijel, gaü, grânt, gan, lañ
Macdougall, Macgillivray, Macivor, Mackay
mèkdüügèl, mèkgilivrê, mèkîvèr, mèkai
Mackenzie, Mackie, Maclean, Macleod
mèkensî, makî, mèklên, mèklaüd
Macphail, Macpherson, Macrae, McCabe
mèkfêl, mèkfèrßèn, mèkrê, mèkêb
McCaig, Menzies, Muir, Munro, Murdoch
mèkêg, miñèß, mjüür, mènrô, mèrdåch
Reid, Shaw, Tulloch, Urquhart
rîd, schåå, talèch, èrkèrt

Namen mit **Mac** findet man gleich in drei Schreibweisen: Entweder mit Kleinbuchstaben nach **Mac** oder Großbuchstaben nach **Mac** bzw. **Mc**. Die Silbe ist das gälische Wort für „Sohn“ und somit die Entsprechung zur germanischen Endsilbe „-son“ oder „-sen“.

Bauernsprache Buchanesisch

Buchan bachèn ist der Name für die Region nördlich von **Aberdeen** und ebenfalls für den hier gesprochenen Dialekt. Er ist die sozusagen am ursprünglichsten erhaltene Sprachform des Scots, weswegen man ihn in Anlehnung an griechische Säulen auch **the Doric** thè dårik *das Dorische* nennt.

Nicht unter **Buchan fowk** bachèn faük *das Buchan-Volk* werden die **Aiberdonians** êbèrdônièns gezählt, die Bewohner von **Aberdeen.** Aber auch als Großstadt gehört Aberdeen von der

Sprache und der Lebensart her immer noch eindeutig zum ländlichen Buchan-Gebiet mit seinen Bauern und Fischern.

Am einfachsten zu erkennen ist „Buchanesisch" an Wortanfängen, wo ein f ein w oder h ersetzt. Das englische how are you? hauâr jû – auf Scots **hoo are ye?** hüârji – lautet im Nordosten **foo are ye?** füârji. Nach dem Befinden des anderen kann man aber genauso auch **fit-like** fit-laik fragen – wörtlich etwa *wie was?* **Fit** fit entspricht dem englischen what wåt und dem schottischen **whit** wit. Die Frage „wo?" heißt in Buchan **far** fâr, klingt also genau wie das Wort für „weit". Dessen englische Lautung fâ ist aber die für die Frage **fa** – Schottisch **wha** wâ und Englisch who hû – also „wer?"

Buchan ist **the speak o the fowk** thè ßpikèthè faük *die Sprache des Volkes.* Wer versucht „feines" Englisch zu reden, der „spricht" nicht, sondern er „kaut": das Zeitwort heißt dann nicht **speak** ßpik, sondern **knap** knap. Das kn- am Wortanfang wird also im Gegensatz zum Englischen auch kn gesprochen, was es für Deutschsprachige wiederum nur einfacher macht.

Der Junge und das Mädchen heißen auf Buchanesisch **loon** lüün und **quine** kwain statt des sonst im Schottischen üblichen **lad** lad und **lass** laß. Ein **chiel** tschîl ist ein „Kerl", und so gut wie jeder Mensch kann als **craitur** krêtèr *Geschöpf/Kreatur* bezeichnet werden. Dies ist manchmal liebevoll und manchmal abschätzig gemeint; abschätzig vor allem, wenn das

Eigenschaftswort **wee** wî *klein* nicht davorsteht. Das kranke Kind ist ein **puir wee craitur** püür wî krêtèr *armes kleines Geschöpf.* Bezeichnet man aber jemand einfach als **the craitur** thè krêtèr, so ist das alles andere als schmeichelhaft.

Das Wort **wee** und die verkleinernde Endung -ie î *-chen/-lein* gebrauchen die Leute von Buchan noch wesentlich öfter als die anderen Schotten.

Wait a minutie.
wêtè mintî
warte ein Minütchen
Warte einen Moment.

Wait a wee minutie.
wêtè wî mintî
warte ein kleines Minütchen
Warte einen kleinen Moment.

Aber Achtung, wenn die Endung fehlt:

Wait a minute!
wêtè minit
warte eine Minute
So geht das nicht!/Das ist ein starkes Stück!

Noch ein paar Bemerkungen zur Hauptstadt des Nordostens – Aberdeen. Deren Einwohner haben in Schottland den Ruf, den die Schotten insgesamt im Ausland genießen: nämlich den extremer Sparsamkeit. Dieser Ruf wird vor allem in Witzen lebendig gehalten, und jeder Besucher, der an einen guten Witzeerzähler gerät, wird feststellen, dass die Schotten selbst die schlagkräftigsten Schottenwitze haben.

Der Nordosten gilt außerdem immer noch als allertiefste Provinz, und man erzählt sich zur Illustration von Schlagzeilen aus der Lokalpresse. Am Morgen nach dem Untergang der „Titanic" nämlich „Bangen um Mann aus Aberdeen – wahrscheinlich auf See umgekommen". Und noch besser, nach dem Ausbruch des ersten Weltkriegs: **Udny man finds giant neep** – *Mann aus Udny findet Riesenrübe.* **Udny Green** adnî grîn ist ein nur auf sehr guten Landkarten zu findendes Dörfchen im nördlichen Hinterland von Aberdeen: für die Lokalzeitung aber dennoch eher einen Aufmacher wert als das weit entfernte Kriegsgeschrei. Wer mag, kann sich im Archiv des **Aberdeen Press & Journal** abèrdîn preßn dschèrnèl vom Wahrheitsgehalt dieser gleichermaßen bos- wie glaubhaften Behauptungen überzeugen. Der Inbegriff des Provinziellen ist aber dennoch nicht die Metropole Aberdeen, sondern Buchans heimliche kleine Haupstadt **Banff.** Deshalb sagt man auch:

Hier noch eine fiktive Schlagzeile: „Zwei Aberdeener Taxis zusammengestoßen – 27 Fahrgäste verletzt".

Gang tae Banff!
gañ tê bânf
geh nach Banff
Geh zum Teufel!
Hier noch der Prolog zu „Max und Moritz"

diesmal in der Buchan-Übersetzung von **Derrick McClure** derik mèklüür:

Losh! Foo aft we hears or reads tales o royit loonies' deeds!
lôsch füü âft wî hîrs âr rîds têls è råjit lüünis dîds
Jist like iss twaa nickums bad: Mac an Matthy's fit ey're caad.
dschißt laik iß twâ nikèms bâd mak èn mathîs fit êr câd
Steid o livin douce an genty, takin heed o wysins tenty,
ßtîd è livin düüß èn dschentî takin hîd ô waisins tentî
ey wad seener lach an snirt, turnin rede tae hidlin chirt.
ê wad ßîner lach èn ßnèrt tèrnin rîd tê hidlin tschèrt

Gott! Wie oft hören oder lesen wir Geschichten von den Taten wilder Knaben. Genau wie diese zwei schlechten kleinen Teufel: Mac und Matthy werden sie gerufen. Statt anständig und ehrbar zu leben, auf gute Ratschläge zu hören, mögen sie eher lachen und kichern, guten Rat in heimlichen Spott verkehren.

Großstadtsprache Glescaranto

Glasgow ist die weitaus größte Stadt Schottlands, und der Glasgower Dialekt ist eigentlich noch weiter verbreitet. Man spricht ihn im Industriegebiet um Glasgow herum, das mit Orten wie **Motherwell** mathèrwel oder **Paisley** pêslî eine Art schottischen Kohlenpott bildet. Die Sprache dieser Region ist dem Ruhrgebietsdeutsch sehr ähnlich: in ihr lebt eine gehörige Portion Mutterwitz, aber auch etwas als irgendwie „unfein“ Angesehenes. **Sean Connery** schåån kånèrî mit seinem Edinburgher Akzent passte als James-Bond-Darsteller: hätte er in Glasgow statt in Edinburgh Milch ausgetragen, dann wäre ihm diese wie manche andere Rolle wohl nicht zugefallen.

Mit einem Smartphone können Sie sich die Wörter, Sätze und Redewendungen dieses Kapitels anhören.

Vielleicht wäre er dann Komiker geworden. Eigentlich sind das alle Bewohner Glasgows mehr oder weniger, und ihr berühmtester Profi **Billy Connolly** bilî kånèlî braucht auf der Bühne keine andere Rolle zu spielen als sich selber. Grundlage des Glasgower Humors ist das Lachen über die eigenen Eigenheiten, bei der Sprache angefangen. Glasgower Konversation heißt **ra patter** ra pa'èr *das Klappern* und gehört dort zu jedem Handwerk. Es sind natürlich auch die Arbeitslosen eingeschlossen, die auf **ra broo** ra brüü *das Büro,* also das Arbeits- bzw. das Sozialamt angewiesen sind. Hier kann man die Rolle des Humors als Überlebenstechnik vielleicht am deutlichsten sehen. Doch egal ob mit oder ohne Job: ein schweigsamer **Glaswegian** wäre so etwas wie ein vegetarischer Löwe.

In Anlehnung an die künstlich-einfach geschaffene Sprache Esperanto ist der Glasgower Dialekt auch **Glescaranto** genannt worden. Diese Bezeichnung ist sehr ironisch gemeint: die leichte und universelle Verständlichkeit von Esperanto ist so ziemlich das Gegenteil des für Außenstehende oft rätselhaften „Glasgowitisch". Verständnisschwierigkeiten ergeben sich allein schon dadurch, dass verkürzt und zusammengezogen wird:

	Englisch	Glasgowitisch
Flugzeug	**aeroplane** ääreplein	**airie** êrî
Wo ist das Flugzeug?	**where is the aeroplane** wäris thiääreplein	**wherra airie** wêraêrî
Da ist das Flugzeug!	**there is the aeroplane** thäris thiääreplein	**erra airie** êraêrî
Da ist das andere Flugzeug!	**there is the other aeroplane** thäris thîathèr ääreplein	**erra arra airie** êraaraêrî

Klingt es statt ara nun aber âra, heißt das **are the,** wie im Glasgower Slogan **we arra peepel** wîâra pîpèl *wir sind das Volk!* Dagegen bedeutet åâra **all the,** wie in **aura bess** åârabeß *all das Beste* = alles Gute. Besonderheiten im Satzbau, wie z.B. dass das Wörtchen **but** bat *aber* fast grundsätzlich an das Satzende gehängt wird, fallen im Vergleich mit solchen Zusammenziehungen als Verständigungsklippen fast nicht ins Gewicht. Gelegentlich verlängert man jedoch auch ein Wort von einer auf zwei Silben, wie in der Lautung fillèm für **film.**

Unten auf dieser Seite aber noch ein paar typische Verkürzungen. Um zu zeigen, wie wirklich gesprochen wird, muss man dabei die Dialektschreibung schon bis zur Groteske übertreiben. Der komische Verwirrungseffekt ist dabei aus Glasgower Sicht durchaus gewollt. Man betont den aus der Sicht pedantischer Schulmeister „falschen“ oder „unfeinen“ Sprachgebrauch und macht sich einen Spaß daraus, dass ihn nicht jeder gleich versteht.

Glasgowitisch	Englisch	
issiz ißis	**This is ...**	*das ist*
izzis/izzat isiß/isat	**Is this / that ...?**	*Ist das ...?*
jink dschink	**Do you think ...?**	*Denkst du ...?*
ustae jüüßtî	**used to**	*pflegte (Gewohnheit)*
wanieas wanias	**one of us**	*einer von uns*
whijiehink widschîhiñk	**What do you think?**	*Was denkst du?*
yawritejemme jååraitdscheme	**Are you all right, mate?**	*Bist du okay, Kumpel?*
zeroany sêrônî	**Is there any ...?**	*Gibt es / Habt ihr ...?*
zloatyat slô'îa'	**There is a lot of it.**	*Es gibt jede Menge.*

Noch rätselhafter ist der Reimslang, wie man ihn sonst nur noch bei den Londoner Cockneys oder in Australien findet. In Glasgow heißt z.B. „Kumpel“ auch **china** tschaina. Das kommt folgendermaßen zustande: Zu dem eigentlich gemeinten Wort **mate** mêt wird ein Reim gesucht, hier **plate** plêt *Teller*. Nun denkt man an einen gebräuchlichen Ausdruck, bei dem das Reimwort den zweiten Teil bildet: Hier ist das **china plate** *Porzellanteller.* Der erste Teil des Ausdrucks ersetzt dann das ursprünglich Gemeinte, und es ist klar, dass nun keine sichtbare Verbindung zwischen Inhalt und Ausdruck mehr besteht: man muss halt den Geheimcode kennen oder aber um die Ecke raten. Zum Schluss noch einmal der Prolog zu „Max und Moritz“ – dieses Mal allerdings in der Glasgow-Übersetzung von **Stephen Mulrine** ßtîvèn malrîn:

Ha, die bösen Dinge,	**Haw, the wiked things weans dae,**
die Kinder tun	håå thè wikid thiñs wêns dê
über die du liest oder	**ye read ur hear aboot, lik say**
hörst, wie, sagen wir	jè rîd èr hîr èbüüt lik ßê
z.B. diese beiden, ja –	**fir instince these two, ay –**
Matt und Malkie, wie	fèr inßtinß thîs tüü ai
sie gerufen werden.	**Matt an Malkie, as thur cried.**
Nun, anstatt	ma'n malkî as thèr kraid
Rechtes zu tun,	**Well, insteid a daein right,**
waren sie schlecht,	wel inßtîd è dêin rait
nur aus Boshaftigkeit.	**they wur bad, jist oota spite.**
Sie hatten keine Zeit	thê wèr bâd dschißt üü'è ßpait
für Moralische Bücher,	**They'd nae time fur Moral Books,**
kicherten darüber in	thêd nê taim fèr môrèl büükß
ihre Jacken.	**sniggered it thum up thur jouks**
	ßnigèrd èt thèm ap thèr jüükß

Sammelsurium der Alltagssprache

Erst einmal ein paar Ausrufe:

Awa!	**Magic!**	**Ooya(bass)!**
èwåå	madschik	üüja(bâß)
weg	*Zauberei*	*oh-du-(Bastard)*
Blödsinn!	Toll!	Verflucht!

Help ma bob!	**Rubbish!**	**Smashin!**
help ma bååb	rabisch	ßmaschin
hilf mein Bob(Gott)	*Abfall*	*zertrümmernd*
Himmel hilf!	Mist!	Stark!

Dinnae fret!	**Drap deid!**
dinè fret	drap dîd
zitter nicht	*fall tot*
Mach dir keine Sorgen!	Leck mich am Arsch!

Ooyabeauty!	**The game's a bogey!**
üüjabjüütî	thè gêmsè bôgî
oh-du-Schönheit	*das Spiel'ist ein Beschiss*
Das ist Spitze!	Das ist Beschiss!

Ye cannae whack it (wi big sticks)!
ji kanî wakit wi big ßtikß
du kannst-nicht schlagen es (mit großen Stöcken)
Das ist unschlagbar / das Größte!

Fegs!	**Jings!**	**Shite!**	**Mechty me!**
fegs	dschiñs	schait	mechtî mî
Mensch!	Verflixt!	Scheiße!	Allmächtiger!

Mit einem Smartphone können Sie sich die Wörter, Sätze und Redewendungen dieses Kapitels anhören.

Awa an bile yer heid!
èwåå èn bailjèr hîd
weg und koch deinen Kopf
Lass mich in Ruhe!

It's a dawdle!
itßè dåådl
es'ist ein Spaziergang
Kinderspiel!

Berufe

	baxter	bakßtèr	Bäcker
	dominie	dåminî	Lehrer
	factor	faktèr	Verwalter
	flesher	fleschèr	Fleischer
	grieve	grîv	Betriebsleiter
	laird	lêrd	Gutsherr
	souter	ßüütèr	Schuster
	wabster	wåbstèr	Weber
wörtl.: Hochköpfige	**high-heid yins**	haihîdjins	die da oben

Charaktereigenschaften

wörtl.: grob	**coorse**	küürß	ungehobelt
wörtl.: süss	**douce**	düüß	solide
	fause	fååß	falsch
	gallus	galèß	frech; boshaft
	kenspeckle	kenßpekl	berüchtigt
	kent	kent	bekannt
wörtl.: haben Dampf	**hae smeddum**	hê ßmedèm	stark/zäh sein
	snell	ßnel	voreilig
	thrawn	thråån	halsstarrig

Diskussion / Auseinandersetzung

Keep yer hair on!
kîp jèr hêrån
behalt dein Haar auf
Krieg dich wieder ein!

Keep the heid!
kîp thè hîd
behalt den Kopf
Nur die Ruhe!

Tak a tellin!
takè telin
nimm eine Erzählung
Nimm Vernunft an!

Hae a word wi yersel!
hêè wèrd wi jèrßel
hab ein Wort mit dir-selbst
Das meinst du doch nicht im Ernst!

argy-bargy	ardschîbardschî	Streit / streiten	
baur	båår	Streich	
coorie doon	küürî düün	leise!	*wörtl.: bück dich*
flyte	flait	beschimpfen	
havers!	hêvèrs	Schwachsinn!	*wörtl.: Hafer*
hoots!	hüütß	ach wo!	
lugfu	lagfüü	Beschwerde	*wörtl.: Ohrvoll*
recht	rècht	richtig	
tak tent!	tak tent	Pass auf!	
wheesht!	wîscht	leise!	
wrang	rañ	falsch	

Erziehung

	academy	èkadèmî	Gymnasium
	accies	akîs	Pennäler (Mehrzahl)
	copy	kåpî	Abkürzung für:
wörtl.: Kopierbuch	**copy-buik**	kåpîbük	Schreibheft
	dux	dakß	Primus
wörtl.: Höhere	**Highers**	haièrs	Abiturprüfungen
	jotter	dschå'èr	Schreibheft
wörtl.: Normale Grade	**Os/O-grades**	ôs/ôgrêds	Mittlere Reife

Außderdem gibt es noch den in den Schulen nicht mehr ganz so gebräuchlichen Lederriemen **tawse** tåås – zuweilen nach einem Herstellungsort auch **Lochgelly** låchgelî genannt.

Familie

bairns *heißt es im Osten,* **weans** *im Westen.*	**bairns/weans**	bêrns/wêns	Kinder
	grampaw	grampåå	Opa
	grannie	granî	Oma
wörtl.: guter-Mann	**gudeman**	güdman	Ehemann
wörtl.: gute-Frau	**gudewife**	güdwaif	Ehefrau
	mairrit on	marît ån	verheiratet mit
	waddin	wadn	Hochzeit
	wee yins	wî jins	die Kleinen

Fortbewegung

burl the wilkies
bèrl thè wilkîs
drehen die Wildkatzen
Purzelbäume schlagen

(tak a) dauner
takè dåånèr
nehmen einen Gang
spazieren gehen

be gallivantin/stravaigin
bi galivân'n/ßtravêgin
umherstreunen

lowp	laüp	springen/hüpfen
rin	rin	laufen
skite	ßkait	(aus)rutschen

fragen / bitten / danken

dinnae fash (yersel)!	dinè fasch jèrßel	*Mach keine Umstände!*
no on yer nelly (duff)	nå'njèr nelî daf	*Vergiss es!*
see	ßî	*geben*
see's yon paper!	ßîsjån pêpèr	*Gib mal die Zeitung da!*
speir at	ßpîr at	*(jemanden) fragen*
speir fur	ßpîr fèr	*fragen nach*
be no wantin	bî nô wân'n	*nicht wollen/brauchen*

See ßî schau wird oft auch zur Einführung eines neuen Gesprächsgegenstandes verwendet, ähnlich wie das deutsche „also".

Geld

bien	bîn	wohlhabend	
canny	kanî	sparsam/vorsichtig	
gear	gîr	Vermögen/Besitz	
glamshach	glamschach	raffgierig	
nip-scart	nipßkart	Geizkragen	*wörtl.: Krümelkratzer*
siller	ßilèr	Moneten	*wörtl.: Silber*
skint	ßkint	pleite	*wörtl.: abgehäutet*

keep ane's bawbees thegither
kîp êns bååbîs thègithèr
halten seine halben-Pennys zusammen
knauserig sein

birl ane's bawbees
bèrl êns bååbîs
drehen seine halben-Pennys
sein Geld springen lassen

bawbee gibt es nur noch in Redensarten – das Ein-Penny-Stück ist jetzt die kleinste Münze.

Gemütszustände

begrutten
bîgra'n
beweint
verheult

be black affrontit
bî blakèfrantit
sein schwarz bestirnt
sich abgrundtief schämen

dowie
daüî
traurig/trist
traurig/trist

be far ben wi
bî fâr ben wi
sein weit drinnen mit
einen Stein im Brett haben bei

be feart fur / feart at
bî fîrt fèr/fîrt at
Angst haben vor

gyte / wuid
gait / wüd
übergeschnappt

sittin on preens
ßi'nån prîns
sitzend auf Nadeln
auf heißen Kohlen sitzend

Lust / keine Lust haben

be ettlin tae	etlin tê	versessen darauf sein
be fain tae	fên tê	heiß darauf sein
be sweir tae	ßwîr tê	abgeneigt sein

(etwas zu tun)

Ah could dae wi a bevvy!
âküd dê wîè bevî
Ich könnte jetzt einen tüchtigen Schluck vertragen!

die Nation und ihre Symbole

Alba alba gälischer Name für Schottland

Caledonia kaledônia lateinischer Name für Schottland

Lion Rampant laièn rampènt Wappentier Schottlands: aufrechter Löwe, rot auf gelbem Grund

Saltire ßååltaièr schottische Fahne: weißes Andreaskreuz auf blauem Grund

St. Andrews ßêntandrüüs St. Andreas, der Schutzparton Schottlands (sein Gedenktag fällt auf den 30. November)

Thistle thißl Distel (Wappenblume Schottlands)

Schmutz / Reinlichkeit

clarty	klartî	dreckig
dicht	dicht	sauber machen
manky	mañkî	versaut
mingin	miñin	übelriechend

Versaut – auch im übertragenden Sinne!

Steigern / Abschwächen von Aussagen

a bittie	è bi'î	ein wenig
fair	fêr	ganz schön
fell	fel	(zu) sehr
fine	fain	(sehr) gut / genau
gey	gai	ziemlich
sair	ßêr	sehr (im negativen Sinne)
unco	añkè	(zu) sehr
a wheen	è wîn	ein wenig / eine Menge

The man's sair altert
thè mans ßêrååltèrt
der Mann'ist sehr verändert
Mit dem ist nichts mehr los.

Aye, the nechts are fair drawin in.
âi thè nèchtsâr fêr drååinin
ja die Nächte sind ziemlich ziehend ein
Der Gesprächsstoff geht uns aus.

Ye ken that fine!
jè ken that fain
du weißt das fein
Das weißt du nur zu gut!

Tabakgenuss

backy	bakî	Tabak	
bogie roll	bôgî rôl	Pfeifentabakstrang	
doup/dowt	daüp/daüt	Zigarettenstummel	*wörtl.: Hintern*
draw	dråå	Zug an der Zigarette	
fuff	faf	paffen	
mill	mil	Schnupftabaksdose	
reek	rîk	qualmen	
spleuchan	ßplüüchèn	Tabaksbeutel	
spunks	ßpañkß	Streichhölzer	*wörtl.: Funken*

Zeit

dawin	dååin	Morgengrauen	
gloamin	glômin	Abenddämmerung	
hauf ...	hååf	halb ...	
mirk	mèrk	Dunkelheit	
the noo	thè nüü	jetzt	
nune	nüün	Mittag	
the back o ...	thè bakè	kurz nach ...	
the day	thè dê	heute	*wörtl.: der Tag*
the necht	thè necht	heute Abend	*wörtl.: die Nacht*
yestreen	jeßtrîn	gestern Abend	

howe o the necht
haüè thè nècht
Senke von der Nacht
Mitternacht

the morn/morra
thè mårn/måra
der Morgen
morgen

the morn's morn
thè mårns mårn
morgen früh *(wörtl. der Morgen von morgen)*

Achtung! Nennt man die Uhrzeit zur halben Stunde, so wird immer die vergangene Stunde genannt und nicht wie im Deutschen die kommende:

the wee sma oors
thè wî småå üürs
die kleinen kleinen Stunden
die Zeit nach Mitternacht

hauf three
håf thrî
halb drei
halb vier

zweifeln/glauben

Aye, that'll be recht.
âi tha'l bî rècht
ja das'wird sein richtig
Du kannst mich nicht verarschen!

Ah hae ma doots.
â hê ma düüts
ich habe meine Zweifel
Das ist höchst unglaubhaft.

Als Tätigkeitswort kann doot aber auch das Gegenteil ausdrücken:

Ah doot ye winnae need a brollie.
ich zweifle du wirst-nicht brauchen einen Schirm
Ich glaube, du wirst keinen Schirm brauchen.

Ah dootnae but it'll rain.
ich zweifel-nicht aber es'wird regnen
Ich bin sicher, es wird regnen.

Von Arschloch bis Zuckermaus

Wie in eigentlich jeder Sprache gibt es auch im Schottischen einen großen Vorrat von Beschimpfungen, denen eine relativ kleine Anzahl von freundlichen oder gar zärtlichen Anreden gegenübersteht. Das Missverhältnis ist in Schottland aber wohl noch etwas extremer als anderswo, was seine Wurzeln in der Einstellung zur Liebe hat. Es gehört immer noch vor allem zum männlichen Stolz, dem sogenannten schwachen Geschlecht gegenüber wenigstens in der Öffentlichkeit keine allzu starken Gefühle zu zeigen. So kann sich ein beginnender Flirt durch Aufforderung zum Tanz folgendermassen anhören:

Mann: **Are ye dancin?** ârji dânßin Tanzt du?	Frau: **Are ye askin?** âr jiâßkin Fragst du?
Mann: **Aye, Ah'm askin.** ai amâßkin Ja, ich frage.	Frau: **Awrecht, Ah'm dancin.** ååre<u>ch</u>tam dânßin Ok, ich tanze.

Hierauf mag ein **tryst** traißt *Stelldichein* vereinbart werden. Aber es ist auch dann unwahrscheinlich, dass die beiden beteiligten Personen sich mit **dearie** dîrî *Liebchen* oder **mah jo** mad<u>sch</u>ô *meine Freude* betiteln. Gebräuchlich sind Kosenamen dagegen unter völlig Fremden oder flüchtig Bekannten. Wer von einer älteren Person mit **dear** dîr oder **luv** lav angesprochen wird, kann das getrost einfach als Zeichen von Freundlichkeit hinnehmen.

Eine junge Frau wird von Älteren beiderlei Geschlechts in freundlicher Absicht oft **hen** hen *Henne* gerufen und sollte deswegen nicht beleidigt reagieren. Männer werden oft mit **pal** pal *Kumpel* angeredet oder – vor allem in Glasgow – einfach als **Jemme** dscheme *Jimmie*, egal ob sie diesen Namen haben oder nicht.

ausgewählte Beschimpfungen

... über ihn

wörtl.: ausgelatschter Schuh	**bauchle**	bâchl	Tattergreis/-in
wörtl.: Plauder-Kathi	**bletherskate**	blethèrßkêt	Laberkopf
wörtl.: Riskierer	**chancer**	tschânßèr	Gauner
	coof	küüf	Schurke
wörtl.: mürrisches Vieh	**dour brute**	düür brüüt	Miesepeter
	eejit	îdschit	Idiot
	fouter	füü'èr	Nervensäge
wörtl.: saftloser Narr	**fushionless fuil**	faschènlèß füül	Windei
wörtl.: kindischer Bastard	**glaikit get**	glêkit get	Traumtänzer
wörtl.: Maulscheißer	**gobshite**	gåbschait	Schwätzer
wörtl: Nichtblicker	**gomerel**	gåmèrèl	Einfaltspinsel
wörtl.: Kuckuck	**gowk**	gaük	Depp
	jessie	dscheßî	Weichling
wörtl.: Kläffer	**nyaff**	njaf	Null
wörtl.: Pudding	**puddin**	püdn	Tölpel
wörtl.: Frosch	**puddock**	padèk	Fiesling

sweetie-wife	ßwîtî waif	Klatschtante	*wörtl.: Bonbonfrau*
tattie bogle	ta'î bôgl	Vogelscheuche	*wörtl.: Kartoffelschreck*
tink	tiñk	Asozialer	*wörtl.: Kesselflicker*
tinkler	tiñklèr	Giftzwerg	*wörtl.: Kesselflicker*
toff	tåf	Angeber	
yap	jap	Schandmaul	*wörtl.: Japser*

... über sie

besom	bîsèm	liederliches Weib	*wörtl.: Besen*
bessie	beßî	Strauchbesen	
carline	karlin	alte Hexe	
dally-doll	dalîdål	Modepüppchen	*wörtl.: Püppchen-Puppe*
hempy	hempî	Wildfang	*wörtl.: Hänfchen*
hure	hüür	Luder	*wörtl.: Hure*
jaud	dschååd	Olle	*wörtl.: Mähre*
limmer	limèr	Flittchen	
midden	midn	Dreckfink	*wörtl.: Misthaufen*

Körperliches

Hier zunächst schottische Wörter für diverse Körperteile:

airm	erm	Arm
bag	bag	Bierbauch
bane	bên	Knochen
breist	brîßt	Brust
broo	brüü	Braue/Stirn
chowks	tschaükß	Wangen/Kiefer
dowp	daüp	Hintern
elba	elba	Ellenbogen
fuit	füt	Fuß
haund	håån	Hand
heid	hîd	Kopf
harns	harns	Hirn
hert	hêrt	Herz
kits	kitß	Fesseln
lichts	lichtß	Lungen
link	liñk	Gelenk/Wirbel
lug	lag	Ohr
neb	neb	Nase
nieve	nîv	Faust
oxter	åkßtèr	Achselhöhle
pinkie	piñkî	kleiner Finger
shouther	schüüthèr	Schulter
thrapple	thrapl	Kehle
wame	wêm	Bauch

Jetzt aber zu den Körperteilen, um die es bei Frauen- oder Männergesprächen geht:

bubbies	babîs	Titten	
fud	fad	Fotze	
hurdies	hèrdîs	Hüften/Arschbacken	
Jock Tamson	dschåk tamßèn	Schwanz	
whang	wañ	Schwanz	*wörtl.: Riemen*
willie	wilî	Schwanz	*wörtl.: Wilhelm*

We're a Jock Tamson's bairns.
wîråå dschåk tamßèns bêrns
wir'sind alle Jock Tamsons Kinder
Wir wurden alle auf dieselbe Art gezeugt, egal welcher Klasse oder Rasse wir angehören.

beim Zeugungsakt

cullie	kalî	streicheln/befingern	
fyke	faik	Flirt/Seitensprung	
hochmagandy/houghmagandy	håchmagandî/hüüchmagandî	Unzucht	
kinoodle	kinüüdl	knuddeln/knutschen	
kittle	ki'l	aufgeilen	
lowp-hunt	laüphant	Weiberheld	*wörtl.: Sprungjäger*
mow	maü	bumsen	*wörtl.: mähen*
radge	radsch	geil; wild/verrückt	

Auffällige Körpereigenschaften positiver oder negativer Art werden so beschrieben:

bleart	blîrt	verlebt/verkommen
braw	bråå	schön/hübsch/stattlich
cutty	katî	kurz/untersetzt
girthy	gèrthî	korpulent/fett
hirplin	hèrplin	hinkend

muckle	makl	groß/stämmig
peely-wally	pîlîwalî	bleich/kränklich
shilpit	schilpit	eingefallen/verhungert
sonsy	ßånßî	schön/gutgenährt
a stoater	è ßtô'èr	eine Schönheit
strang	ßtrañ	stark/kräftig
swanky	ßwañkî	fit/athletisch
wersh	wèrsch	schwächlich/ungesund

Die Körperfunktionen, denen man meist allein und in aller Stille ihren Lauf lässt, haben natürlich auch ihr eigenes Vokabular:

bock/boak	båk/bôk	rülpsen/kotzen
jobbie	dschåbî	Schiss/Haufen
pish	pisch	pissen/Pisse
shite	schait	scheißen/Schiss
skitters	ßki'èrs	Dünnpfiff

Krankheiten

Der Dünnpfiff von der vorangegangen Seite führt schon in den Bereich der Krankheiten. Hat man Schmerzen, gebraucht man das Eigenschaftswort sair ßêr *wund*:

Mit einem Smartphone können Sie sich die Wörter, Sätze und Redewendungen dieses Kapitels anhören.

Ma feet are sair.
ma fît âr ßêr
meine Füße sind wund
Meine Füße tun weh.

Ah hae a sair tuith.
ahêè ßêr tüüth
ich habe einen wunden Zahn
Ich habe Zahnweh.

belly-thraw belîthrââ Bauchschmerzen, *wörtl.: Bauchzwirnen*
grip grip stechender Schmerz, *wörtl.: Griff*
knakert nakèrt todmüde, *wörtl.: vom Abdecker bearbeitet*
mirligoes mèrligôs Schwindelanfall, *wörtl.: karierter Dreher*
stookie ßtükî Gips, *wörtl.: Stuck*

a sarkfu o sair banes
è ßarkfüüè ßêr bêns
ein Hemdvoll von wunden Knochen
jemand, dem alles weh tut

Lese- & Hörtipps

Möchten Sie sich gern noch weiter in das Scots vertiefen, kann ich Ihnen Folgendes empfehlen:

Wörter- & Lehrbücher

Diese Bücher und Schriften sind nicht über den Reise Know-How Verlag erhältlich. Bitte wenden Sie sich an Ihre Buchhandlung!

Collins Pocket Scots Dictionary, Harper Collins – *ein handliches Schottisch-Wörterbuch.*
The Scots Thesaurus, Aberdeen University Press – *zur aktiven Wortschatzerweiterung.*
A Scots Grammar, David Purves, Saltire Society – *eine gute Grammatik (auf Englisch).*
The Scots Language: Planning for Modern Usage, J. D. McClure u.a., Ramsay Head Press – *Überlegungen zur Zukunft des Schottischen.*
Grammar Broonie, Susan Rennie u.a., Polygon – *Grammatik auf Schottisch.*

Literatur

Sunset Song, Lewis Grassic Gibbon – *dieser Roman bietet einen Einstieg in die Dialekte des Nordostens.*
The Busconductor Hines, James Kelman – *ein Roman mit den Dialekten des Glasgower Raums*
The New Testament in Scots, William Laughton Lorimer, Penguin – *nicht nur für Bibelfeste*
Wilhelm Busch: Max und Moritz. In English Dialects and Creoles, Manfred Görlach (Hg.),

Helmut Buske Verlag – *verschiedene (nicht nur schottische) Versionen der bekannten Verserzählung*
A Tongue in yer Heid, James Robertson (Hg.), B & W – *Kurzgeschichten in Scots aus allen möglichen Gegenden Schottlands*

Audio

Scotland the What? – *Komikertrio, das in den Dialekten des Nordostens witzelt*
Billy Connolly – *ein Komiker, der den Glasgower Dialekt beinahe schon hoffähig gemacht hat*
The Proclaimers – *musikalisches Duo, welches im Zungenschlag der Halbinsel* **Fife** *singt*
The Complete Songs of Robert Burns – *exzellente CD-Serie bei Linn Records*

Film

Gregory's girl, Bill Forsyth (Regie) – *der sprachlich interessanteste Bill-Forsyth-Film*
Trainspotting, Harry Gibson (Regie) – *Verfilmung des gleichnamigen Romans von Irvine Welsh: hier hört man Edinburgher Unterschicht-Dialekt und sieht das Leben in der Hauptstadt von einer Seite, die Touristen meist verborgen bleibt.*

Internet

Auch im Internet ist Scots heutzutage natürlich präsent; als Einstieg empfohlen wird **http://www.scottishcorpus.ac.uk**

Register

Auf den folgenden Seiten finden Sie ein alphabetisch geordnetes Verzeichnis der meisten Begriffe, die in diesem Buch vorkommen. Es soll den Leserinnen und Lesern behilflich sein, die ein Wort in irgendeinem Zusammenhang gehört haben, aber nicht wissen, was es bedeutet. Hinter jedem Wort steht die Seitenzahl der Seite, auf der das jeweilige Wort auftaucht.

A

B

D

E

F

G

N

O

T

Y

Z